图书馆管理艺术与信息化应用研究

凌霄娥 著

西北工業大學出版社

西 安

【内容简介】本书内容包括图书馆管理的概念与理论依据、图书馆知识管理、图书馆服务管理与创新、图书馆职能管理与建设、图书馆文化管理与构建、图书馆信息资源体系、图书馆信息资源组织与体系建设以及图书馆信息资源的开发与利用等共 8 章。

本书可作为从事相关职业人员的参考用书。

图书在版编目（CIP）数据

图书馆管理艺术与信息化应用研究 / 凌霄娥著. -- 西安 : 西北工业大学出版社, 2020.7

ISBN 978-7-5612-7189-6

I. ①图… II. ①凌… III. ①图书馆管理－信息化－研究 IV. ①G251

中国版本图书馆 CIP 数据核字(2020)第 131026 号

TUSHUGUAN GUANLI YISHU YU XINXIHUA YINGYONG YANJIU

图书馆管理艺术与信息化应用研究

责任编辑：卢颖慧　　**策划编辑**：李　萌
责任校对：雷　鹏　　**装帧设计**：吴志宇
出版发行：西北工业大学出版社
通信地址：西安市友谊西路 127 号　　**邮编**：710072
电　　话：（029）88493844　88491757
网　　址：www.nwpup.com
印 刷 者：北京市兴怀印刷厂
开　　本：710 mm×1 000 mm　1/16
印　　张：13.75
字　　数：221 千字
版　　次：2021 年 1 月第 1 版　　2023 年 4 月第 2 次印刷
定　　价：68.00 元

前　　言

在人类文明发展的进程当中，图书馆自产生开始其功能就一直随着社会发展而变化。从图书馆的起源来看，它的产生顺应了人类对信息总量的不断增加需求，并且将通过信息的整合与分类，解决了内容分布散乱与人们利用信息的多样性、特定性之间的矛盾。从社会发展的角度来说图书馆的主要作用是保存人类文化遗产、开展社会教育、传递科学情报和开发智力资源。图书馆的这些作用和功能也得到了人们的一致认可。

根据马克思主义哲学理论，事物是不断运动发展的。当图书馆所处的环境因素和时间要素不同时，图书馆的发展趋势和功能体现出了不同的特点。从社会发展的角度来看，随着信息技术的进步图书馆的发展趋势必定向着信息化、数据化、网络化的方向发展。从功能上来说，随着数据技术的发展和信息时代的来临，图书馆功能的实现环境已经发生了变化，如果图书馆不能在数字化的潮流中抓住发展机遇，将会逐渐淹没在人类历史发展的长河之中。

随着社会的发展和现代信息技术在图书馆行业的广泛应用，图书馆的发展环境、工作方式、信息资源组织方式以及用户服务形式日新月异，服务对象需求变化特征明显，但是我国图书馆的发展却没有及时做出调整，很多新兴功能没有得到有效地实现，我国图书馆行业的发展面临着严峻的挑战。在这样的背景下，梳理图书馆管理及信息化的发展成果，探索我国图书馆事业发展的新方向，成了一份重要社会责任，作为一个图书馆人我们必须肩负起这种责任和使命。

本书共分八章对图书馆对的功能及信息化问题进行了分析，主要包括：图书馆管理的概念与理论依据、图书馆知识管理、图书馆服务管理与创新、图书馆职能管理与建设、图书馆文化的核心要素、图书馆信息资源体系、图书馆信息资源建设的组织管理、图书馆信息资源的开发与利用等内容。作者希望通过对图书馆的功能及其信息化发展的系统分析与研究，能够为我国图书馆事业的发展提供一定的借鉴。

本书融合了作者多年从事相关工作的经验，希望成书能对我国图书馆事业的发展提供一定的借鉴。限于时间精力以及个人学术水平，本书可能存在一些疏漏和不足，希望广大读者斧正！

作　者

目　录

第一章　图书馆管理的概念与理论依据

第一节　图书馆管理的内涵、特点以及范畴

一、图书馆管理的内涵

什么是图书馆管理？怎样给图书馆管理下一个科学的定义？对此，国内外学术界的做法迥然不同。

国外学者一般不明确界定图书馆管理的内涵，如罗伯特·D. 斯图亚特和约翰. 泰勒·伊斯特利克合著的《图书馆管理》、И. M. 福鲁明著的《图书馆组织与管理》、沃伦. B. 希克斯与阿尔马·M. 蒂林合著的《现代图书馆管理》以及 Robert D. Stueart 和 Barbam B. Moran 合著的 Library and Information Center Management(fifth edition. 1998，Libraries Unlimited，INC.，Englewood，Colorado)等书中，均无图书馆管理的明确定义。

与此相反，国内图书馆研究领域领的学者对图书馆管理进行了不同层面的意义界定。这里我们将对其中一些具有代表性的定义进行介绍和分析。

郭星寿认为："所谓图书馆管理，在遵循图书馆工作客观规律的基础之上，依据相关的法律、法规对图书馆工作内容与工作程序进行的一系列有组织的管理活动。"

于鸣镝认为："图书馆管理是在现代科学理论的指导下，按照图书馆工作规律，将图书馆的知识资源、人力资源、物质资源进行整合，并以最大限度实现图书馆的运营目标为追求的一种管理活动。"

鲍林涛在其主编的《图书馆管理学》一书中对图书馆管理进行了定义，他认

为：“图书馆管理是通过计划、组织、指挥、协调和控制等行动，按照图书馆事业和图书馆工作的发展规律，最合理地使用图书馆的人力、财力、物质资源，使之发挥最大的作用，以达到图书馆预期的目标，圆满地完成图书馆任务”。

黄宗忠认为：“图书馆管理是根据图书馆满足社会读者需求的目的，通过决策、计划、组织、指挥、协调与控制等行动，最合理地分配与使用图书馆系统的人力、物力、财力等资源，使之发挥最大的效益，提高图书馆的效率，以达到图书馆预期的目标，完成图书馆任务的动态过程。”

谭祥金认为：“图书馆管理是图书馆通过专门的机构和人员，合理配置和使用图书馆资源，达到预期目标的过程。”

潘寅生主编的《图书馆管理工作》指出：“图书馆管理是遵循图书馆工作的客观规律，通过计划、组织、协调、指挥等手段，合理配置和使用图书馆资源，以达到预期目标，满足读者知识信息需求的一种活动。”

刘喜申认为，图书馆管理是指图书馆的主管者通过实施决策、组织、领导、控制和创新等职能，来协调工作人员的行为，以达到图书馆预期目标的活动过程。

李松妹认为，现代图书馆管理的定义应该是：全面运用现代管理理论，用以指导现代图书馆全部活动，提升现代图书馆管理水平的整个过程。

从上面几种对图书馆管理定义的陈述，虽然在表达方式和语言组织上有很大的区别，但从这些定义陈述的深层意义来看，这些定义并没有本质上的差别。从内容上来说，以上几种定义都是围绕图书馆工作客观规律、图书馆的职能及作用、图书馆的资源及组织优化等方面展开论述的；从性质界定上来说，这几种定义对图书馆管理性质的认定都是某种活动或者过程。我们不能简单说哪一种定义是对的，哪一种定义是错的，因为这些定义都是对图书馆管理的客观描述和界定，并且具有何强的实践应用性。

本书在充分借鉴和参考其他学者的研究成果之后，对图书馆管理的定义进行如下描述：图书馆管理是指引导人力资源、财力资源、信息资源和物质资源进入动态的图书馆以达到图书馆的目标，亦即使其服务对象——读者获得满意，并且使服务的提供者——馆员亦获得一种高度的士气和成就感之活动。

这一定义吸收和借鉴了很多学者对图书馆管理的定义，具有非常强的综合性和包容性，这里我们对该定义进行深入的分析与解剖。

图书馆管理是一种资源整合与引导，在图书馆管理过程中涉及的人力资源、物质资源、信息资源以及知识资源都是图书馆管理的对象。在图书馆管理实践当中，要从图书馆运营的层面对四种资源进行合理的调配，促进各种资源的平衡发展、健康发展，让每一种资源都发挥出最大的作用。

图书馆是一个动态管理的过程，这一特点也在该定义中得到很好的确认和体现。图书馆的经营和运作始终处于不断发展变化的外界环境之中，因为社会文明在发展、科学技术在进步、生活方式在改变。外界环境的变化对图书馆管理工作提出的动态性的要求，图书馆的管理手段和管理措施必须依据外界环境的变化进行相应的调整，将图书馆的各项资源进行合理的配置与开发，保证图书馆能够在不断变化的外界环境中完成预期的发展目标。

在这个定义中，对达成目标的强调也是图书馆管理定义不可缺少的部分。任何管理活动的都是为了完成某种预期的而开展的，因此在图书馆管理中的定义中必须对预期的达成目标进行强调。

在图书馆管理过程当中衡量是否达到预期的管理目的和经营目的的基本标准是图书馆服务对象的满意程度和图书馆服务作用是否得到了有效的发挥。图书馆是用来进行阅读和资料查找的，因此读者是图书馆最主要的服务对象，在衡量图书馆的管理目标是否达成的过程当中，要对读者的意见和反馈进行调查和分析。从读者的实践反馈来看，不少读者对图书馆的发展和服务持消极的态度，这对图书馆的长远发展是不利的。为了改善读者对读书馆管理和发展的看法，提升公众对图书馆发展的信心和期待，图书馆管理人员有义务为了更好地满足读者的需求而改进自身的管理，树立更高的发展目标。

定义中的最后一个部分是关于对高度士气和成就感的阐述。这种高度的士气和成就感源于图书馆被社会认可，源于图书馆被读者青睐，图书馆的工作人员可以从中收获工作的乐趣和意义。

二、图书馆管理的特点

作为一种形式和内容都较为特殊的社会实践活动，图书馆工作和服务具有独特的特点，下面我们将从普通管理活动和社会实践活动的基本特点出发，对图书馆的管理工作的特点进行总结和分析。

（一）总合性

所谓图书馆管理的总合性，从管理的范围和过程来说，图书馆的管理活动和管理行为渗透到了图书馆工作和活动的各个部分，凡是有图书馆及图书馆服务的地方就存在图书馆管理活动。从历史的角度来说，在中国商代，不仅有藏书之所、掌书之人，而且有管书之法。商代设史官掌管藏书，虽然这一时期尚未形成书籍分类和编目体例，但对藏书的管理已存在一定之法。商代史官在甲骨片编联成册之后，为便于查找，在储藏中采用标签形式将其标示。另据英国考古学家伍利(Leonard Woolley)1930—1931 年在幼发拉底河口附近的乌尔(ur)发掘出的 400 多块泥版文书和 1000 多残片，发现泥版文书中的经济资料是按主题和年代排列的，泥版还挂有内容简介的标志牌。经专家鉴定，这些泥版文书是一所寺庙图书馆收藏的，大约存在于公元前 3000 年。这是目前有考古证据支持的最早的国外图书管理管理活动，也代表了国外最朴素、最原始的图书馆管理思想。随着社会的发展和进步，信息技术得到了飞速的发展，图书的形态和服务方式正在发生着革命性的变化，传统的纸质图书正在逐渐向电子读物、数字读物转变，图书馆管理和服务面领着巨大的挑战。但是我们认为，无论时代如何变化，技术如何发展，读物的形态如何变化，只要人类还存在阅读的需求，图书馆活动就会存在，图书馆管理活动也会随之存在。因此，在人类发展的文明进程当中，但图书馆发展演变的历史之中，图书馆管理活动是一种无处不在、无时不有的社会活动，它在图书馆系统中横贯各个层次、涵盖一切领域。具有总合性。

（二）依附性

图书馆管理活动必须依附于图书馆活动和服务开展才能实现。图书馆管理活动的本质决定了其内容和组织形式必须以其他目的性的活动为依托才能存在，这也是各种管理性活动的基本特点之一。在图书馆管理当中，管理人员总是以实现某种目的为期待进行管理规划活动，比如文献采选、分类编目、书刊借阅、参考咨询、文献检索、情报研究等业务的开展和管理都是依附于该工作项目的预期目标进行规划和操作的。

（三）协调性

所谓协调性是指，对图书馆管理过程中的各种要素和各个管理环节进行调整和改造，使不同的工作要素和管理环节之间彼此适应，从而让图书馆工作的开展更加顺利、更加协调。图书馆作为一个特定的管理领域，其业务特点有其独特之处：

首先，从管理活动及管理活动的对象层面来看，一般图书馆管理活动和服务活动都是以某种特定的事物作为具体的活动对象，具有非常强的针对性和专业性。比如，文献的采选以图书馆未收藏的新书、新刊、新报、新光盘等文献载体为对象，而图书资源的分编工作则以图书馆已采购回来的新文献为对象，二者虽然都是以为图书文献为工作对象，并以此为基础组织工作内容，但是二者是针对不同阶段、不同状态下的文献组织的管理和服务活动。在图书馆管理活动当中，在管理活动的组织和安排上必须做到细致、谨慎，根据工作性质和工作内容的不同合理调配资源，制定管理计划。

其次，从活动的任务来看，在图书馆管理活动当中一般的业务活动都有自己特定的具体任务，有些管理活动的任务是为了购回本馆读者所需要的文献，有的管理活动是为了改变文献的形式特征，有些管理活动是为了能够为读者提供更加高效、精准的服务。图书馆服务管理工作的任务主要是协调读者与图书馆之间的供需矛盾和利益关系，协调二者在整个图书借阅过程之中的关系，使整个图书馆工作有序开展。从这个角度来说，图书馆虽然有严格的规定和制度，读者在借阅图书的过程中也必须按照图书馆的规章制度进行，但是从本质上来说图书馆管理制度的制定是以读者为基础编制的，图书馆的管理活动具有很强的制度柔性。

（四）组织性

图书馆管理的组织性主要体现在两个方面，下面我们对分别对其进行分析和介绍。

1. 图书馆的组织依附性

图书馆大多是依附一定的组织存在，因此在图书馆管理当中会体现出明显的组织机构特点，比如学校图书馆、科学图书馆、企业图书馆、公共图书馆、工会图书馆等不同组织机构下的图书馆在组织形式、规章制度、服务方式、管理目标上都存在非常大的差异。组织本身具有管理职能，在依附于组织机构存在的图书馆管理中，组织机构本身就是管理的主体，图书馆管理活动体现了明显的组织机构活动特点。

2. 管理活动本身的组织性

管理活动需要对不同的资源进行分配与整合，比如在管理过程中管理者需要对人力资源进行调配和开发，将不同特点的员工安排在不同的岗位上，使其能够发挥更好的作用。组织活动从某方面来说就是一种资源的整合与调配，在组织活动中通过科学规划将人力资源、物质资源、信息资源、环境资源进行整合，使其能够在完整的管理体系中顺畅的运作。科学的组织活动能够将组织系统和管理系统中的各种资源进行合理的利用，将游离于体系之外的资源要素吸纳到组织体系当中，使得组织体系不断壮大，从而实现组织目标。

（五）变革性

管理活动实际上是一种变革性的组织活动，能够帮助管理者在更高的层面实现其发展目标。“管理的特点就是变革——迅速的、不断的、根本的变革。唯一不变的事就是变革。”[①]图书馆管理作为管理活动的一种，具有管理活动的基本特点，因此图书馆管理活动本质上也是一种变革性的活动。在人们的印象当中，图书馆管理是一项非常保守和制度化的行为，因为图书馆的运作方式和管理方式

---

① 弗里蒙特・E．卡斯特等著．组织与管理[M]．北京：中国社会科学出版社，1985：19.

已经几百年没有发生过大变化，图书馆管理活动只是旧管理制度和运作方式的延续。从某种角度来说，图书馆管理活动确实很长一段时间没有发生变革性的管理革新活动，但是如果我们从历史的、辩证的看待图书馆管理活动会发现，图书馆的形式和功能已经很长时间没有出现革命性的变化，作为依附于图书馆存在管理活动也必然不会发生太大变化。马克思主义哲学告诉我们物质决定意识，管理活动作为意识领域的存在其变化必然是受到图书馆发展变化的影响。随着信息技术的发展和进步，图书馆无论在资源形态还是服务内容上都出现了史无前例的变化，图书管理也因此会出现革命性的变化。

（六）科学性

图书馆的管理是一种动态性的活动，这种动态性虽然难以把握，但是图书馆管理仍然在遵循客观规律运作。关于图书馆管理活动的动态性，我们可以从两类活动中进行理解和体会：

第一种是程序性的活动。所谓程序性活动，就是指有明确的规章制度可以参考遵循的管理活动。程序性的管理活动具有较强的稳定性，只要按照章程按部就班的执行，就能够保证图书馆服务和各项功能的实现。在图书馆管理活动当中常见的程序性活动主要有：各种规章制度，员工的录用、奖惩、培训条例等。

第二种是非程序性活动。所谓非程序性活动，就是指没有明确的规章制度能够提供参考和遵循的管理活动。非程序性的管理活动的出现不是经常性的，大多是管理过程的偶发事件或者是出现在管理变革之中的各种无章可循的创新事物或创新行为。

这两类活动虽然在内容和形式上都存在很大的差异，但是事实上在图书馆管理和运作当中，这两类活动总是存在的，并且二者之间存在密切的关系，很多程序性活动是由非程序性活动转化而来的。

（七）艺术性

由于图书馆管理对象分别处于不同系统(如科学院系统、文化系统、教育系统、工商企业系统等)、不同部门(如采访部、编目部、流通阅览部、典藏部、参考咨询部、研究辅导部、信息技术部、特藏部等)、不同环节(如出纳台借还、书库整理)、不同的资源供给条件等环境中，这使得在制定管理策略和管理方案时没有统一的标准和尺度，管理者必须采用不同的管理手段和管理措施来应对的不同的工作和管理需求，特别是对于非程序性的活动这种现象更加突出。事实上管理者针对不同的工作内容所做出的不同安排，针对不同工作目标制定的管理制度，本身就充满着管理的艺术。面对不同的管理对象和管理情景，从众多的管理方式选择一种最为契合的方式，凝结了管理规律与选择的艺术。

(八) 经济性

众所周知，图书馆存在着以资源稀缺性为核心的经济问题，如社会对图书馆的投资应该达到什么样的水平才能充分发挥图书馆的各项社会功能？为了节约社会投资。提高图书馆的投资效益，对图书馆的社会投资应如何分配给各种不同类型的图书馆才能使图书馆资源达到合理配置？怎样选购和组织藏书才能使有限的购书经费发挥最大的效益？要有效地解决上述问题，就必须从图书馆管理的整体状况出发，合理地对图书馆的人力资源、物质资源、信息资源进行合理的调整与调配，使各种资源在图书馆管理系统中发挥最大的作用。资源的管理与调配是一种需要成本进行运作的组织活动，因此管理活动不可避免地具有经济性。正如我们之前所说，图书馆管理活动的经济性首先体现在资源配置的成本性，无论是我们传统意义上所说的经济成本，还是因资源调整引发的各种变化对组织运作产生影响所形成机会成本都是图书馆管理经济性的体现。除此之外，图书馆管理的经济性还反映在管理方法选择上所带带来的成本比较效益，因为在能够满足企业管理目标的管理方式中，绝大多数都是以成本为第一原则进行取舍。

三、图书馆管理的范畴

范畴是反映事物本质和普遍联系的基本概念，是人的思维对客观事物的普遍本质的概括和反映。

每门学科都应有自身特有的一系列范畴。范畴对于学科的发展具有重要意义：①一门学科有没有自身的范畴是它能否存在的重要条件。若没有范畴，它既不可能被人们所认识，也不可能被社会所承认。②范畴的不断丰富，就意味着该学科的不断发展。丰富范畴的途径一是改造原有的范畴，即丰富其内涵或深化其内容；二是提出或形成新的范畴。③范畴对于学科理论建设具有特殊的意义，因为理论观点的表述要借助于范畴才有可能。④范畴提供学科的入门知识，对于学习者必不可少。从范畴入手，是学习专业知识的必由之路。⑤范畴是一种交流工具，在专业工作者之间借助于范畴进行交流有助于学科的发展。

图书馆管理的范畴是图书馆管理活动中各种要素、关系的普遍联系和全面发展的不同侧面的反映。图书馆系统内部充满着各种矛盾。图书馆管理范畴就是从不同角度反映图书馆系统中各种因素的既对立又统一的辩证关系，它们是图书馆管理的本质和运动规律的不同表现形式，也是各种管理要素和运动过程之间相互作用的交错点和“结合部”。这些范畴来源于图书馆管理实践，同时也是对管理学理念以及各种综合性管理概念的整合与提升，这些体验和理念是随着图书馆管理实践的发展而产生的，在人们认识发展的过程中又作用于实践，指导着人们对图书馆管理工作。

（一）主体与客体

管理主体是指具有专业的管理知识和管理能力，在组织机构中承担相应的责任，并且有权力组织管理活动的人，也就是我们通常意义上所说的管理者。管理主体具有能动性、创造性、自主性等特性。

图书馆的管理主体是由两个主要部分构成的：第一个部分是根据组织目标或者图书馆的发展目标，将其分解成不同的工作部分，并选择能够胜任该工作的人负责该工作目标的实现，这类人一般是图书馆的核心管理人员，位于管理系统的高层，为图书馆的发展出谋划策；第二个组成部分是负责某项工作和计划具体执行的人员，这些人员直接参与计划的执行，一般是图书馆的中层管理人员或业务骨干，他们对于工作计划能否按照预期完成起到了非常重要的作用。

现实的图书馆管理活动是一项系统性、多层次的综合性活动，管理主体一般并不是某一个承担，因为个人的精力有限很难全面负责如此复杂的综合性管理活动。大部分情况下，图书馆管理主体是由一个多人组成的整体组成，每人负责管理工作的一个方面，这些人组合起来构成综合的管理系统。从管理主体的不同职能性质来说，管理主体系统是由处于不同职权地位、担负不同管理职能的人相互组合而成的。一般来说，图书馆管理主体系统由四个部分组成，或者说包括四个子系统，即决策系统、执行系统、监督系统和参谋系统。

管理客体与管理主体共同构成了管理系统，与管理主体相对管理客体是指在管理主体的工作领域之中，并且能够接受管理主体的协调和管理，通过组织形成的客观对象系统。在认识管理客体时我们必须注意，无论在哪种管理系统当中只有以人为中心的客观对象系统才能称为管理的客体。

从范围上来说，管理图书馆客体的界定区域非常广泛，下面我们主要针对三类管理客体进行分析和说明：

首先，图书馆的工作人员都属于图书馆管理的客体范围，在图书馆管理过程当中他们承担着各自的岗位职责，并且按照既定的工作计划执行管理者的决策，为图书馆管理目标的实现做出了自己的贡献。

其次，图书馆的各种资源，比如图书馆中的图书资源、财产资源、知识资源、关系资源等都属于图书馆客体的范畴。虽然这些资源都是客观存在的实物，但是这些资源的存在于人有着密切的关系，因此这些资源也是图书馆管理的客体，在图书馆管理当发挥着重要的作用。

再次，当图书馆规模扩大或者业务拓展时，必须要与其他组织或者系统的管理客体发生联系，在这种情况下这些与图书馆管理产生联系与交集的其他组织系统的管理客体也属于图书馆管理客体的组成部分。这一部分管理客体具有不确定性，经常发生变化。

管理主体与管理客体是组成图书馆系统实体结构的两极，它们之间的相互联系和相互作用构成了图书馆系统及其运动。然而，这种联系和作用是通过管理组织这一形式而发生的。管理组织是图书馆系统的现实表现形式。管理主体与管理客体不仅通过组织的形式相互联系。而且通过组织的形式相互转化。这种转化指的是管理主体与管理客体在管理活动中各依一定的条件。使自己的地位向其对立面转化。管理主体与管理客体在图书馆系统中的相互转化有不同的表现形式：一种是地位的转化，这是由图书馆职权层次的变化而引起的；一种是角色的转化，这是由图书馆行为的变化而引起的；一种是自身的转化，这是由组织成员自我意识的变化而引起的。正确认识这种转化。对于理解图书馆系统的辩证性质有着重要意义。

(二) 硬件与软件

一般来说，图书馆管理活动是由两类既相互对立又相互统一的因素所组成的，这里我们分别对其进行分析和介绍：

第一类是活动的物质性载体，这一类管理活动的载体是现实存在的实物，并且具有非常强的稳定性，能够为管理活动提供物质系统的支持，我们将这种类型的管理活动载体称为“硬件”。

第二类是使物质性载体，这一类管理活动的载体可能是现实存在对的实物，也能使是存在于人们意识当中的某种理念或认识，这类管理活动的载体本身具有很强的不确定性，我们将这类管理活动的载体称为“软件”。

这里的硬件和软件都是泛指与图书馆管理活动有关的事物、过程、方法、成果等，具有普遍的意义。硬件与软件的划分具有相对性和模糊性，只有把两者同时放在图书馆管理活动中进行比较，才具有较为确定的意义。在图书馆系统中，如果把馆舍、文献、信息技术设备等因素看作是硬件，那么与之相对人的精神意识当中的理念和认识就是软件；在组织结构中视角当中，如果将人作为图书馆组成的硬件要素，那么与之相对的软件要素就是知道人在管理系统当中开展相关活动的价值理念；在组织形式中，如果正式组织是硬件即“硬组织”，那么非正式组织就是软件即“软组织”；在管理技术中，如果把具有比较固定程式的数学分析方法和计算机技术方法称为硬件即“硬技术”，那么那些具有创造性、没有固定程式的其他管理技术就是软件即“软技术”；在管理模式中，如果我们将图书馆管理看作一种规律和手段，强调从科学的角度运用数理计算和模型分析来对管理进行模式化的操作，那么我们可以将其称为“硬管理”，而把管理看成综合环境要素、情感要素的选择艺术，采用情感影响或者行为激励等非逻辑的方式来实现管理目标，我们将其称为“软管理”。

在图书馆管理活动中，硬件和软件相互依存，相互促进，共同作用，谁也离不开谁。一方面，硬件管理载体或者管理手段是软件管理实现的物质基础。任何管理实际上都是由硬件和软件两个部分组成，首先管理系统必须有固定的管理制度来对管理客体的基本行为进行约束和规范，其次为了能够更加细致地开展管理活动，必要有灵活的管理手段和管理措施对某些问题进行个性化的管理。图书馆系统也必须有稳定的输入和输出关系，即既有一定的物质、能量和信息输入，又有一定的信息产品和信息服务输出。这些看得见、摸得着的有形事物是图书馆管理赖以存在和进行的物质基础，离开了这些硬件，软件就失去了自身依托的物质外壳，任何方法、手段、指令、程序等都无法显示其功能，图书馆管理也就根本不能存在。另一方面，软件是硬件的灵魂。任何管理如果只有硬件而没有相应的软件，那么硬件就只能是没有活力的“死东西”。一个图书馆系统，如果只有单纯的组织结构形式，只有一些硬的规章制度，而组织成员缺乏共同的目标、愿望、动机等软件，那么这样的图书馆是无法进行有效的管理活动的。管理的核心因素是人，而人总是有着自己的需要和追求，有着自己的情感和意志，这些“软件”是图书馆的各种结构和形式等“硬件”的灵魂，它规定着硬件的组成形式，引导着硬件的发展方向。

在图书馆管理活动中。硬件和软件不但相互依存，而且可以相互转化。这种转化包括了硬件的软化和软件的硬化两个方面，它们是和图书馆管理过程紧密联系在一起的。

（三）利益与责任

利益是标志人的物质和精神需要能否满足以及满足程度的范畴。人们有各种各样的需要，也就有各种各样的利益。人的需要有高低不同的层次，利益也有根本和非根本之别。

责任是一种对自己采取的行为以及行为的社会意义的自觉意识和实践。在面对自己的责任时行为主体产生的自觉性或自觉意识，我们称之为责任感。责任感一般从激发和控制这两个方面将自己的行为确定在与自己的地位和职务相适应的范围内。激发行为是对应尽责任的鼓励，控制行为则是对超越责任的限制。

利益和责任在图书馆管理活动中犹如事物的正反两面，是一对相互依存、相互联系的矛盾。

首先，利益和责任在行为导向和价值追求上是相互分离的，大多数情况下二者的性质是相互排斥的。利益反映了整个图书馆、图书馆各部门、部门内各小组或馆员的需要，由外向内具有收敛性：而责任则要求整个图书馆、图书馆各部门、部门内各小组或馆员付出(劳动、努力等)，是由内向外发出的影响，具有发散性。

其次，利益和责任相互包含、相互依存，没有利益就不会有责任，不承担责任也无法获得利益，脱离了利益的责任和脱离了责任的利益是不存在的。图书馆尽管是一个“清水衙门”和公益性的服务机构，但其中或多或少存在一定的利益，因此图书馆管理活动不应该掩盖责任中存在利益的问题，而应该使馆内各组织和全体馆员认识到这一点，这有利于调动他们对工作认真负责的积极性。图书馆管理者在管理实践中的两个基本任务就是：第一，将个人的、小组的、部门的或整个图书馆的利益获得过程设计为履行各自职责的过程；第二，把履行职责的结果同个人、小组、部门或整个图书馆的利益结合起来。

(四) 集权与分权

集权与分权是表征管理职权在管理空间中的分布状态和运动方向的范畴。

集权既指管理活动中的集中统一指挥，又指权力向上层逐步收缩的过程。从集权在整个管理系统中的分布情况来看，集权意味着要将主要的管理权力和管理职能留在管理层，管理层要承担大量的管理工作、行使众多的管理权力，这对管理者的工作能力是非常大的考验。集权管理将权力留在高层管理人员之中，甚至这些权力的执行也必须处于领导层的有效控制之中。从职权的运动方向来说，它意味能够提升管理系统运作效率的权力被截留，中层管理人员没有执行的决策权，这种集权化的运动方向是由下向上逐步收敛的，这也是集权管理的一个基本特点。

集权一般有两种途径：一是规定限制下级组织或非专门组织裁决问题范围的一般标准。即规定它们该管哪些事，不该管哪些事；哪些事可以自己做主，哪些事必须报上级批准。二是撤销下级组织或专门组织的实际决策职能来集中决策职能。这种方式在某些特殊情况下会采用。譬如，某图书馆的购书经费很充足，但藏书结构多年来一直不合理，于是由馆长或一名副馆长亲自指挥采访部的工作。

分权就是分散权力，这种权力分配方式与集权相反，将决策权和管理权力下放。从管理系统的权力分布来看，采用分权的方式进行管理，中低层管理人员具有某些问题的权，高层保留的只有重大问题的决策权。从职权运动的方向来说，它意味着下级部门自主性和独立性的加强，许多职权从上级向下级分散，这种分权化的趋势是自上而下逐步发散的。

在图书馆管理活动中，集权与分权是辩证的统一。首先，集权和分权各有利弊，因此必须互相补充。在图书馆管理过程中无论是采用集权管理，还是采用分权管理都必须注意权力下放的程度与集中的程度，过度集权会降低管理效率，难以激发员工的积极性和主动性，过度分散会使组织的管理目标在实现过程中由于过多的中低层决策而出现不可预测的偏差。其次，集权与分权在一定条件下互相转化。这种转化一般有两种形式：一种是被动的转化，即在过度集权或过度分权的管理阻碍图书馆各项业务活动发展的情况下，由过度集权向分权或由过度分权向集权转化。另一种是主动的转化，即在问题出现之前就注意调整集权和分权的关系，在动态中把握二者变化的度，及时消除偶然出现的过度集权或分权现象。

(五) 权威与服从

权威是指管理过程中使人信赖和服从的力量和威望。在图书馆管理过程中，权威是非常重要的一种管理要素，在管理过程中发挥着不可替代的作用。从管理方案的规划和执行来看，如果管理系统没有权威在工作计划的执行当中很难有效地指挥、协调复杂的组织关系，因此无法确保管理目标的实现。

服从是指管理过程中尊重并执行权威意见的行为。服从并不是盲从或屈从，因为人们在管理活动中只能服从正确的意见，即服从真理，这是服从的实质。

在图书馆管理活动中，权威和服从的辩证关系表现为：首先，二者相互依存。权威以服从为自己存在的前提。没有服从就无所谓权威，硬建立起来的权威也形同虚设，因为这种权威是“光杆司令”。同样，服从又以权威为自己存在的前提。没有权威人们不知道服从什么，权威如果不值得服从一方信赖，就会出现不服从。滥用权威造成的不是服从，而是屈从和盲从。不服从、盲从和屈从都不属于科学的服从范畴。其次，权威和服从在一定条件下相互转化。权威代表被人服从的一方，但是权威只有在服从群众正确意见的时候才能被人们服从，只有在服从真理时才能获得权威。在上述两种情况下，权威都必然转化为服从。服从是权威的反面，但权威的正确意见正是来自于服从一方，因为真理在群众手里；权威的行使又必须体现服从一方即群众的意志。在这两种情况下，服从一方都是权威一方的真正权威。

(六) 有序与无序

有序和无序是标志组织协调程度的矛盾范畴。有序是指在管理当中不同的管理要素之间能够协调运作，并且在管理活动进行的过程当中，不同的管理要素之间能够通过彼此之间的相互配合产生一种有序的管理状态，为管理目标的实现提供可靠的保障；无序是指在管理系统当中，不同管理要素之间的关系混乱，在管理系统运作的过程中彼此之间相互影响，对管理目标的实现造成阻碍的一种管理状态。

图书馆系统中的有序和无序标志着管理组织的协调程度。这种协调程度是管理主体有意识的自觉活动的结果。图书馆系统的各种要素并不能自发地形成具有管理功能的组织。要形成组织，就必须通过自觉的组织活动。把各种相互之间无规则、无秩序的要素(主要是人)在一个统一目标、统一行为规范和统一的结构形式中组合起来，这种组合也就是把各个要素由无序状态转变为具有一定规则和秩序的有序状态。在图书馆管理过程当中，有序是管理成果的一个重要体现，也是科学管理的本质特点。在图书馆管理过程当中，管理主体就是通过设立共同目标来来对不同层面、不同岗位的员工进行管理与协调的。图书馆管理要求对各个岗位的工作责任进行细致的划分，利用权力、责任和利益来协调不同岗位的员工工作，从而使每个岗位的员工都能尽责工作。在图书馆管理系统的调节之下，图书馆的各个功能部门就会在统一目标的引导之下，按照既定的规章制度和管理目标开展自己的工作，整个图书馆就会在有条不紊中运作，摆脱无序管理的困境。从这个意义上来看，管理工作实际上就是对无序的管理要素进行协调，使其能够融入有序的管理系统和管理结构之中。

然而，在各种组织结构中无序也总是存在的，任何图书馆中都存在着一种反抗协调而自发趋向无规则、无秩序状态的力量。图书馆中的这种无序一般有两种表现形式：一是受控的无序状态。在统一的图书馆系统中。每个人都扮演不同的角色，有着自己的利益、目标和爱好，外部环境又总是给予一些随机性的干扰，这些因素是图书馆的协调活动不可能消除的。同时，图书馆中必然存在的分权和结构软化、简化的运动，不可避免地增强着图书馆中各个部分和个人的自主性、独立性、竞争性的运动趋势。这样，在有序的管理系统和管理结构中必然会出现对原有确定状态下的某些管理环节上的无秩序偏离，形成了一种没有规律和秩序的管理涨落。这种涨落一般来说是难以完全消除的，需要管理者将其控制在一定的涨落幅度之内，使其对管理系统的整体有序性不造成影响。二是失控的无序状态。如果图书馆自身的组织结构不合理，管理者决策或指挥失误，或者外界环境急剧恶化，造成了对图书馆的巨大冲击力，都有可能使图书馆的协调和控制失效，原来的组织目标、规章制度和职权结构失去了对各个因素相互作用的制约力，图书馆中无规则、无秩序的运动趋势大大加强，这种涨落也会因此超出维持管理系统有序运转的状态，管理系统就会进入失控的无序状态，从而对管理目标的实现造成影响。这种无序会对管理系统造成很大的影响，比如管理效率降低，管理成本增加，管理系统崩溃，组织陷入混乱的管理状态，因此在管理过程中管理者必须极力阻止这种状况的出现，保证管理系统的健康运行。

在图书馆的管理系统和管理架构当中呢，有序的管理和无序的管理是管理活动标准化、程序化的一个重要标志。管理的程序化和标准化是管理系统在各种要素的作用下逐渐走向稳定的标志，也是一个管理系统开始成熟的标志。一个完成的管理过程都是以决策为管理核心和管理起点的，整个管理过程包含了计划、组织、领导、控制和评价等一系列阶段的职能和过程的统一体。这些职能和过程相互有机联系和转化，形成了图书馆管理运动的一定程序。这个程序规定了图书馆系统在达到目标的过程中所应该遵循的行为步骤和秩序，使管理运动的整个过程表现出一种在时间进程中的规则和秩序，这就是管理过程的有序化。一个有序的图书馆管理过程必然表现为各种管理活动瞻前顾后。井井有条。当上一阶段尚未完成，条件尚未具备时，不轻易进行下一阶段的工作；而当条件具备时，又不失时机地把管理过程推移到新的阶段，做到管理过程间断性与连续性的辩证统一。在每一阶段中善于抓住重点，顾及全面，突破难关，带动其他；而当内外环境发生变化时。又能适时地转移工作的重心，整个管理过程呈现出主次适宜、轻重得当，有节奏、有规律地向前推进，做到管理过程起伏性和前进性的辩证统一。事实上这个过程就是图书馆运动和管理的程序化。

虽然图书馆管理运动是一个程序化的系统，但是图书馆管理运动又具有非程序化的一面是我们无法忽视和避免的，管理运动总是会存在一定程度的无序现象。这种无序也存在两种情形，这里我们分别对这两种情况进行分析和介绍：

第一种，是由于外界环境和图书馆系统内部各种关系的随机变化，使原来固定的程序不得不被打破，出现错位、扰动甚至颠倒的情况。例如，在开始实施图书馆计划之后，发现计划与客观实际严重不符，或者客观情况已经发生了重大的变化，这就必须停止原计划的执行，重新返到修改或重新制订计划的阶段。这就是要求保持管理过程的良性无序，这种无序即是灵活性，是任何成功的图书馆管理运动所必须具有的性质。

第二种管理过程的无序就大不一样。这种无序的根源是图书馆管理者主观思维与客观实际发生严重背离，它表现为原来制定的程序本身严重失误，与实际情况的变化根本不相适应；或者是图书馆管理者在执行程序时掉以轻心、严重失职，完全不顾眼前现实的管理情境。这种无序只能造成整个管理程序完全被打乱，管理运动严重失控，管理过程处于一种被动应付、穷于招架、目标不清、方寸全乱的完全随机漂移的境地。这种管理过程的恶性无序只能导致图书馆管理的失败。

图书馆管理的有序和无序有两种形态，前者是空间结构规则性和秩序性的反映，后者是时间结构规则性和秩序性的反映。也可以说，有序和无序是图书馆系统在时空结构中的规则性和秩序性程度的综合反映。

（七）稳定与改革

稳定和改革是图书馆系统在其发展的历史过程中两种不同的状态和趋势。稳定是指图书馆系统在其发展过程中总体的状态和趋势保持不变，即处于相对静止的状况；改革是指图书馆系统总体的状态和趋势发生重大变化，即处于显著变动的状况。

图书馆管理的一切要素、一切过程都具有稳定性，否则，图书馆管理活动就无法正常进行，也无法对管理要素和过程进行研究。但是。图书馆管理活动的相对静止和相对稳定是有条件的、暂时的。首先，当我们说某些管理要素处于稳定状态时，只是相对于一定的管理系统和时间、地点而言。在某一特定的图书馆系统中，管理者和被管理者的划分是稳定的。但离开这个特定的系统，进入其他管理系统，情况就会发生变化。其次，稳定包含管理活动中的量变。当图书馆管理过程的某一阶段、某一种管理模式或体制仍然保持着它们自身的性质、没有发生质变的情况下，我们就认为它们是相对稳定的。但与此同时，它们在性质不变的情况下还发生着其他变化。例如，计划过程在没有向组织过程发生飞跃前，内部发生着由初选目标向预测、预算、决定方案的量变，这并没有改变计划过程的性质，我们就说它是稳定的。某一管理模式中的内部矛盾还未尖锐到炸毁这种体制的外壳时，我们就说这种管理模式是相对稳定的。

改革是图书馆管理活动中的质变，确切地说是指一种管理模式或管理体制向另一种管理模式或管理体制的飞跃。改革是由图书馆内在矛盾推动的自我发展和自我否定。一方面，它是旧的管理模式向新的管理模式的质变，是管理旧过程连续性的中断，体现了图书馆管理活动发展的阶段性。另一方面，它继续保留并改造了旧的管理活动的积极成果，作为新管理过程存在和发展的基础。因而把新旧管理过程联系起来，体现了图书馆管理过程发展的连续性。

图书馆管理中的稳定和改革是辩证统一的。首先，稳定和改革相互包含、相互渗透。在图书馆管理模式的全面质变发生之前，图书馆管理活动虽然处于相对稳定状态，但局部的改革总是经常不断的。任何一个具体的图书馆管理过程中间都有改革。例如，控制过程对组织过程来说就是改革组织管理，控制过程对计划过程的反馈也是改革。改革是动态管理的基本特征，而一切有效的管理本质上都是动态管理。所以，稳定中有改革的因素。另一方面，改革中也有稳定的因素。改革不是一阵风、一股浪，它是一个持续稳定的过程。改革要有一定的步骤，改革中推行的政策、组织体制、管理方法等需要一定的稳定度，以便观察、评价和控制，并在改革过程中巩固自己的成果。其次，稳定和改革具有相互转化的趋势。管理模式的相对静止、管理过程的量变使整个图书馆管理活动在一定时期呈现出稳定状态，似乎一切都在按部就班地正常运转。其实不然，这背后孕育着各种矛盾。当这些矛盾尖锐到不冲破旧的管理体制其管理活动就会严重阻碍各项业务活动发展时，全面的改革就不可避免了。当通过改革建立起新的管理体制后，这种管理体制下的管理活动基本上是适合各项业务活动发展需要的，这时就需要保持管理体制的稳定来巩固改革的成果。总之，“稳定—改革—稳定”是管理体制发展的实际过程，这个过程的不断推移就是图书馆管理活动的进化和升级过程。

总之。图书馆管理的范畴是图书馆管理活动中个人与组织、组织与环境这两个基本问题的具体展开。作为矛盾统一体的每一对范畴在现实的图书馆管理活动中并不是孤立存在的。而是紧密联系并和图书馆管理的运动规律相互结合综合地发挥作用。当我们用这些范畴去分析现实的图书馆管理活动及其矛盾时，应该注意这些范畴之间的相互联系和相互转化，注意它们在反映图书馆管理的本质和规律中的特殊性和普遍性。注意它们与活生生的图书馆管理现实运动及蓬勃发展的图书馆管理学的有机结合。

第二节 图书馆管理的系统原理和效益原理

一、图书馆管理的系统原理

任何社会组织都是由人、财、物和信息组成的系统，任何管理都是对系统的管理，没有系统，也就没有管理。系统原理不仅为认识图书馆管理的本质提供了新的视角，而且它所提供的观点和方法广泛渗透到人本原理、能级原理、动力原理和效益原理之中，在图书馆管理原理的有机体系中起着统率作用。

(一) 系统原理所蕴含的几对基本概念

1. 系统与要素

系统论的创立者贝塔朗菲把系统界定为处于一定的相互关系中并与环境发生联系的各组成部分(要素)的总体(集合)

钱学森认为："系统是由相互作用和相互依赖的若干组成部分结合成的具有特定功能的有机整体"。[①]

从系统的定义可以看出，一个具体的系统必须具备三个条件：一是系统必须由两个以上的要素(元素、部分或环节)所组成；二是要素与要素、要素与整体、整体与环境之间存在着相互作用和相互联系；三是系统整体具有确定的功能。这三个条件缺一不可，否则就不能构成一个具体的系统。

要素始终是和系统不可分割地对应着的。要素是构成系统的必要因素，即组成系统的各个部分或成分，是系统最基本的单位，因而也是系统存在的，基础和实际载体。要素在系统中的情况一般可分为三种：①不同数量和不同性质的要素可构成不同的系统；②相同数量和相同性质的要素仅由于结构方式的不同，也可构成不同的系统；③相同性质的要素仅由于数量的不同，也可构成不同的系统。

[①] 钱学森．论系统工程[M]．长沙：湖南科学技术出版社，1982：10.

系统和要素是对立统一的关系。首先，系统通过整体作用支配和控制要素；其次，要素通过相互作用决定系统的特性和功能；最后，系统和要素在一定条件下相互转化。

2．结构与功能

所谓结构，是指系统内部各组成要素之间的相互联系、相互作用的方式或秩序。也就是各要素之间在时间或空间上排列和组合的具体形式。贝塔朗菲把结构称为系统的“部分的秩序”。

所谓功能，是指系统与外部环境相互联系和作用过程的秩序和能力。系统功能体现了一个系统与外部环境之间物质、能量和信息之间的输入与输出的变换关系。

结构与功能之间的关系主要表现为如下几种情况：首先，由不同要素组成的不同结构的系统具有不同的功能；其次，由相同要素组成的不同结构的系统也具有不同的功能；再次，组成系统的要素和结构不同，可以具有相同的功能；最后，同一结构的系统可以具有多种功能。总之，由于客观世界的复杂性和无限性，系统的结构和功能的关系是多样的，变化是无穷的，在一定条件下是可以转化的。

3．环境与行为

所谓环境，是指系统存在的外部条件，也就是系统以外对该系统有影响、有作用的诸因素的集合。在一个大系统中，对于某一特定的子系统来说，其他的子系统可以看成是它的环境。环境实际上是同某一特定的系统相关的其他系统(或事物)的统称。

所谓行为，是指系统对环境的影响和作用的反应，即在系统与环境的相互作用中。环境对系统施加影响和作用以后，系统对环境的反作用。

系统行为是由系统环境和系统内部状态两个因素引起的。其中，环境是产生系统行为的诱因或外部条件；系统内部状态是系统行为的根据或决定因素。系统行为归根结底决定于系统的内部状态，而系统的内部状态又取决于系统结构的优化程度。可见，系统行为实际上是系统的外部状态，即系统本质规定的外部表现。因此，在一定环境下，可以通过改变系统的内部状态来调节或改变系统的行为：也可以通过系统行为的研究来考察一个系统的内部状态。即系统要素及其结构方式。

需要注意的是。系统行为和系统功能是两个相近但又不完全相同的概念。系统的功能虽然也是在系统与环境的相互作用中表现出来的，但它只是着重描述系统与环境的相互作用中，系统对外部环境施加影响和作用的能力；系统行为则不然，它着重描述系统与环境的相互作用中，系统自身的外部活动状态以及状态变化过程。因而不能把系统行为和系统功能混为一谈。

（二）系统原理的内容

系统原理是有关系统的基本属性、共同特征和一般规律的理论概括，主要体现在系统与要素、要素与要素、结构与功能以及系统与环境、系统与时间等关系上。

1．系统整体性原理

系统整体性是指系统诸要素相互联系的统一性。整体性是系统最本质的属性，因而“整体”和“系统”这两个概念经常被同义使用。在这个意义上，贝塔朗菲指出：“一般系统论是对‘整体’和‘完整性’的科学探索。”①因此，整体性原理是系统原理的一个最基本的组成部分。

系统的整体性根源于系统的有机性和系统的组合效应。系统整体性原理的基本内容有：①要素和系统不可分割：②系统整体的功能不等于各组成部分的功能之和；③系统整体具有不同于各组成部分的新功能。

系统整体性原理对图书馆管理工作具有重要的指导意义：①根据图书馆管理目标，把管理要素组成为一个有机的系统。图书馆管理的目的就在于把图书馆中诸要素的功能统一起来，从总体上予以放大。在这个意义上说，图书馆管理是一门把图书馆中的各种要素或各个部分协调起来，使之达到某种组织目标的学问。②把不断提高要素的功能作为改善图书馆系统整体功能的基础。由于组成图书馆系统的要素是决定其整体功能状况的最基本的条件，因此改善图书馆系统的整体功能一般应从提高其组成要素的基本素质入手。图书馆系统作为一个整体，一般由采访、分编、典藏、流通等部门或环节组成。任何一个部门或环节的功能素质不健全或相对削弱，都会在一定程度上影响图书馆的整体效应。因此，必须按照图书馆整体目标的要求，不断提高各个部门特别是关键部门或薄弱部门的功能素质，并强调局部服从整体、保证整体，以保证图书馆系统最佳的整体功能。③保持图书馆系统要素的合理组合。系统整体性原理告诉我们，整体功能不守恒的实质在于结构是否合理。因此，改善和提高图书馆系统的整体功能，不仅要注重发挥每个要素的功能，更重要的是调整要素的组织形式，建立合理的结构，从而使图书馆系统整体功能优化。

2．动态相关性原理

任何系统都处在不断地发展变化之中，系统状态是时间的函数，这就是系统的动态性。系统的动态性取决于系统的相关性。系统的相关性是指系统的要素之间、要素与系统整体之间、系统与环境之间的有机关联性。它们之间相互制约、相互影响、相互作用，存在着不可分割的有机联系。相关就是联系。正是由于系统内部诸要素之间、要素与系统整体之间、系统与环境之间的相互作用和相互联系，才构成了系统发展变化的根据和条件。动态相关性原理的实质是揭示要素、系统和环境三者之间的关系及其对系统状态的影响。

动态相关性原理的基本内容有：①系统内部要素和要素之间的相关性；②要素与系统整体的相关性；③系统与环境的相关性。

从上述内容可以看出，动态相关性原理和系统整体性原理是紧密联系的。整体性原理是系统思想的核心，动态相关性原理则是整体性原理的延续和具体化。

动态相关性原理对实际的图书馆管理工作具有重要的指导意义：①任何一个要素在图书馆系统中的存在和有效运行都与其他要素相关。图书馆系统中某个要素发生变化，就会引起其他相关要素的相应变化。例如：图书馆藏书规模的扩大，必然要求增加工作人员和书库空间；图书馆新馆舍的建成，必然要求对工作人员、藏书、设备等要素重新进行布局：一位新馆长的上任，必然会引起图书馆系统内一系列要素的变化；图书馆自动化系统的上马，必定要求对馆员进行培训；图书馆经费的缩减，必定会影响设备的更新与维护、工作人员的福利待遇、藏书建设水平等方面。因此，在图书馆管理实践中，当我们想要改变某些不合要求的要素时，必须注意考察与之相关要素的影响，使这些相关要素得以相应地变化。图书馆系统中各要素发展变化的同步性可以使各要素之间相互匹配，从而增强协同效应以提高图书馆系统的整体功能。②图书馆系统内部诸要素之间的相关性不是静态的，而是动态的。要素之间的相关作用是随时间变化的，由此决定了系统整体的性质和状态也是不断发展变化的。因此，必须把图书馆系统视为动态系统。在动态中认识和把握其整体性，在动态中协调部分与部分、部分与整体的关系。图书馆管理的过程，实质就是把握藏书、馆员、读者、经费、设备等要素的运动变化特点，然后有针对性地进行调节和控制，最终实现图书馆管理的最佳目标。③图书馆系统的整体功能存在于图书馆与环境的相关性之中。如果说要素之间的相关性形成系统的结构联系，使系统成为具有一定结构的整体。那么系统与环境的相关性则形成系统的功能联系，使系统具有某种整体功能。系统一定的整体功能，表明系统与环境必须按照一定的规律进行物质、能量和信息的交换，才能保持系统整体的性质，产生一定的整体效应。如果系统与环境的输入和输出关系遭到破坏，系统整体的性质和整体效应就会受到影响以致丧失。因此，一定要在图书馆系统和环境的相互联系和相互作用中认识和改善图书馆系统。

3. 层次等级性原理

一个系统的组成要素是由低一级要素组成的子系统，而系统本身又是高一级系统的组成要素。这种系统要素的等级划分，就是系统的层次等级性。

层次等级性原理的基本内容有：①层次等级结构是物质普遍的存在方式；②处于不同层次等级的系统具有不同的结构，亦具有不同的功能；③不同层次等级的系统之间相互联系、相互制约，处于辩证的统一之中。

系统层次等级性原理对图书馆管理工作具有重要的指导意义：首先。系统层次等级性原理可以指导人们合理设置图书馆管理层次。管理组织系统划分层次等级的主要原因在于管理对象的复杂性与管理者个人能力的有限性之间的矛盾。尽管今天的管理者比以往的管理者在能力和手段上有了普遍提高，但今天的管理对象要比以往复杂得多。管理对象的复杂化，使管理组织系统的规模日益增加。对于规模较大的图书馆系统来说，合理划分管理层次，建立等级结构，可以削弱系统规模和对象复杂性之间的联系，缓解管理对象复杂性和管理者能力之间的矛盾。这是因为，把一个较大的管理组织系统划分为不同的层次等级，按照层次等级进行分级管理，可以使处在不同层次的管理者所直接联系的人数(包括上级和下级)大体相当，从而使他们的管理能力和管理对象相适应。其次，系统层次等级性原理可以指导人们科学地分解图书馆目标。图书馆系统的层次等级是科学分解目标的组织基础。一个图书馆系统总是要根据自身的基本任务、上级的指令、当前的状况、发展的需要和各种内外条件来确定系统的总体目标，然后按照图书馆系统的层次等级将总目标分解为不同层次、不同部门的分目标。分目标要保证总目标，总目标指导分目标，从而形成前后衔接、上下贯通的目标体系。这样建立起来的目标体系，在组织上能使目标由上而下层层具体、层层落实，由下而上层层负责，层层保证；在内容上既能明确本级系统的基本任务，又能反映分目标和总目标的关系，便于处理局部和整体的矛盾。在明确每一管理层次、每个部门以至每个人的目标责任的基础上。授予相应的权力，进而建立起目标责权体系，使整个图书馆管理工作走上系统管理的轨道。最后，系统层次等级性原理可以指导人们按图书馆系统的层次实施层级管理。图书馆系统中的每一层级所处的地位不同，因而性质和功能也不同。每一个管理者都有自己相应的管理层次，处于不同层次的管理者各有不同的目标责任和要求。一般来说，同一层次各子系统的横向联系应由他们之间全权处理，只有在出现不协调或发生矛盾时才提交上一层次的系统来解决。上一层次系统的任务有两个：一是根据本系统的目标向下一层次发出指令，并检查监督指令执行的结果；二是解决下一层次中各子系统之间的不协调或相互之间的矛盾。当每一层次的任务明确以后，各层次的分系统均须围绕着本层次的中心任务开展工作并通力协作，上一层次一般不宜干预下一层次的工作，这样就形成有序的层级管理。

4. 系统有序性原理

系统的有序性是指构成系统的诸要素通过相互作用，在时间和空间上按一定秩序组合和排列，由此而形成一定的结构，决定系统的特定功能。系统的有序性标志着系统的结构实现系统功能的程度。因此，系统有序性原理的实质在于揭示系统的结构和功能的关系。

系统有序性原理的基本内容有：①任何系统都有特定的结构。结构合理，系统的有序度高，功能就好；反之，结构不合理，系统的有序度低，功能就差。②系统由低级结构转变为较高级的结构，即趋向有序；反之，系统由高级结构转变为较低级的结构，即趋向无序。③任何系统必须保持开放性，才能使系统产生并且维持有序结构。

系统有序性原理对图书馆管理工作的指导意义表现在：第一，掌握系统有序性原理，有助于深入理解图书馆系统对外开放和对内搞活政策。任何图书馆系统都应该是一种具有活力的耗散结构系统。耗散结构系统的存在和发展必须具备两个条件：一是对外开放，二是内部要有活力。只有对外保持图书馆系统的开放性，才能从外部环境中吸收负熵流，以抵消内部的熵增，使图书馆系统处于非平衡态或远离平衡态，即造成图书馆系统向有序发展的外部条件。对内要有活力，就是要保持图书馆系统内部的非平衡态。。这是因为，一个图书馆系统如果处于无差异的平衡状态，就意味着其内部不存在势能差。根据耗散结构理论，无势能差的平衡系统服从势能最小原则，因而必然是一个低功能系统。图书馆管理体制改革之所以要打破“平均主义”和“大锅饭”，引进竞争机制，目的就是设法增大图书馆系统内部的势能差，形成非平衡态。第二，掌握系统有序性原理，有助于提高图书馆管理的有序度。要提高图书馆管理的有序度，必须科学地安排图书馆系统诸要素的秩序，使之协调匹配，以减少内耗而求得统一的整体功能。为此，主要应使以下三个方面有序：首先是目标体系有序；其次是目标实施过程有序；再次是组织系统有序。

二、图书馆管理的效益原理

效益是管理的永恒主题。任何组织的管理都是为了获得某种效益。效益的高低直接影响着组织的生存和发展。图书馆管理自然也不例外。

（一）图书馆管理的效能、效率和效益

图书馆管理的效能是指图书馆管理系统所具备的实现目标的有效做功本领或有效行为能力，它直接取决于图书馆管理系统的目标是否明确、结构是否合理以及图书馆人的积极性发挥得是否充分。

图书馆管理效率包括两层意思：一是指图书馆管理行为趋向系统目标的速度，即单位元时间内图书馆管理系统所完成的工作量；二是指图书馆管理系统完成单位工作量所需消耗的劳动量(包括知识和物化劳动等)。

图书馆管理效益是指图书馆管理系统为一定的目标、以一定的效率发挥其效能的结果或效果。

一方面，从动态过程看，图书馆管理效益是管理目标行为有效做功的结果，它表现为管理效能、效率和系统目标的函数。可用下式表示：

管理效益=f(系统目标，管理效能，管理效率)

这表明：①图书馆管理系统的整体目标是管理效能和效率趋向管理效益的一个重要干涉变量。即使在管理效能大、效率高的情况下。如果管理的目标不明确或无目标，管理效益就低下或无管理效益可言；如果管理系统目标错了，则管理结果就是负效益，且效能越大、效率越高，系统整体的负效益也就越大。②由于目标变量可主要视其优化程度而在 0～1 取值，因此，当图书馆管理系统的目标确定后，目标就转化为一个常量。③一个系统的效能主要取决于它的结构。一个图书馆管理系统在特定的时空内其结构是相对稳定的。因此，其效能也可视为一个常量。这时，上式可化为：效益=f(效率)。即效益直接取决于效率，并是它的函数。

另一方面，从静态结果看，图书馆管理效益又主要由经济效益和社会效益构成。我们把图书馆管理系统所表现出来的内在价值称为经济效益，把图书馆管理

系统对读者的价值称为社会效益。经济效益与社会效益既有联系，又有区别。讲经济效益是讲社会效益的基础，而追求社会效益又可以成为提高经济效益的重要条件。两者的区别主要表现在：经济效益较社会效益更为直接和显而易见。经济效益可以运用若干个经济指标来计算和考核，而社会效益则难以计量。必须借助于其他形式来间接考核，图书馆管理活动在处理经济效益与社会效益的关系上，应该是统筹兼顾，最大限度地追求经济效益和社会效益的同步增长。既反对单纯追求经济效益而不顾社会效益的倾向，也反对片面讲求社会效益而不讲经济效益的做法。当经济效益与社会效益发生矛盾时，应当从全局出发协调两者的关系，但基本的原则是要让经济效益服从和服务于社会效益。

(二) 图书馆管理效益的根据

1. 生产方式

从根本上来看，图书馆管理效益是由生产方式决定的。一个社会的生产方式是这个社会劳动者与劳动资料的结合方式，它既是人与自然之间发生物质变换的方式，也是人与人之间的物质交往方式。在这两个方面都伴随着管理活动。在某种意义上，图书馆管理活动是生产方式的外在表现，有什么样的生产方式就必然会有什么样的管理活动。所以，生产方式既决定着图书馆管理的性质。也决定着图书馆管理的方式。图书馆管理具有什么样的性质和以什么样的方式存在，又直接决定着图书馆管理的效益。因而，生产方式从根本上决定图书馆管理的效益。

2. 管理者

管理者是管理主体，在图书馆管理活动中居于支配地位，起核心作用。管理者的思想观念、行为方式对图书馆管理效益的影响是十分明显的。这是因为，管理者的思想观念在管理活动中往往表现为管理的指导思想，这种指导思想又会支配管理行动，使其表现出特定的管理行为方式。管理者的思想观念、行为方式对图书馆管理效益的影响，是通过对图书馆管理活动的计划、组织、领导、控制和评价等职能和环节而实现的。

3．管理对象

图书馆管理对象是由人、财、物、信息资源等要素组成的一个有机体系，其中，人是最重要的。尽管财、物、信息资源等要素的组合对提高图书馆管理效益具有不可忽视的作用，但这种作用只有通过人的活动才能实现。人的素质水平、工作责任心、主观能动性发挥的程度，往往决定着其他管理对象作用发挥的程度。

4．管理环境

图书馆管理效益是通过有效的管理活动实现的，而管理活动又是在外部客观环境的影响下进行的，因此，管理环境也是影响管理效益的一个重要因素。影响图书馆管理效益的环境因素包括政治环境、经济环境、科学技术环境和社会心理环境。政治环境是指一个国家的政治形势、法律制度、路线方针政策以及国际局势；经济环境是指图书馆系统之外的经济发展状况，如市场、投资、银行信贷、税收、物价等。这些因素通过价值规律等方面的作用影响图书馆管理的效益；科技环境是指图书馆系统外部科学技术(尤其是信息技术)的发展状况，它通过影响劳动生产率来影响图书馆管理的效益；社会心理环境是指图书馆系统外部的各种社会心理现象，主要包括社会态度、社会期望、社会舆论、消费心理、从众心理等，它们通过对图书馆的精神文化、人际关系以及图书馆成员的心理行为产生影响而影响图书馆管理效益。

弄清影响图书馆管理效益的因素对于提升图书馆管理效益具有重要意义：首先，可以使管理者提高认识，在图书馆管理活动中注重运用科学的管理方法和民主的管理手段，自觉地提高管理水平。其次，可以使管理者认识到人的因素对于管理效益的意义，注重调动人的积极性，提高人的素质，协调人们之间的关系，使人与物的结合方式达到最佳的优化状态。最后，可以使管理者树立开放的管理观念，不是把眼光局限于自己的管理范围之内，而是在更广阔的视野中看待自己的管理范围，认识环境因素对图书馆管理活动的影响，自觉地利用一切有利的影响，避免不利的影响，从而大大提高图书馆管理效益。

第三节　图书馆管理的目标分析

一、图书馆目标管理的认识

图书馆目标管理是指图书馆中的上下级一起参与图书馆目标的制订，由此决定上下级的责任和分目标，并使其在目标实施中实行自我控制，并把这些目标作为图书馆经营、评估和奖励每个部门和个人贡献的标准，以努力完成目标的一种现代管理方法。

对图书馆目标管理的概念可以从以下四个方面来理解：

首先，图书馆目标管理是一种参与形式的管理。目标的实现者同时也是。目标的制订者。即由上级与下级共同确定目标，上下级共同协商，制订出图书馆各部门直至每个员工的目标，用总目标指导分目标，用分目标保证总目标，形成一个目标手段链。因此，应强调自我控制，通过对动机的控制达到对行为的控制。对权力下放的过程进行管理。

其次。图书馆目标管理力求将图书馆目标与个人目标紧密地结合在一起，以增强员工在工作中的满足感，调动员工的积极性，增强图书馆的凝聚力。

再次，图书馆目标管理层次包括图书馆整体发展战略目标、图书馆年度目标、各部门目标和馆员个人目标。目标管理以图书馆战略目标为前提，以图书馆年度目标为依据，将各种任务、指标层层分解到各部门和每个人。

最后，图书馆目标管理实施的关键是事先制订图书馆合理的任务指标体系、考证因素分值体系和奖罚标准体系。事中进行过程管理，检查考评目标的执行情况，事后按工作绩效和约定的奖罚标准及时兑现奖罚。

二、图书馆目标管理的特点

图书馆目标管理具有以下几个特点：

(一) 图书馆目标管理是面向未来的管理

目标是一定时期内个人或集体活动预期要达到的结果(效果)。这就决定了目标的未来属性。当然。面向未来进行管理，不是否定图书馆过去的历史经验，不是不重视现实情况，而是不被传统的经验所束缚，不为现实的情况所困惑，把注意力和工作重点放在对图书馆未来的谋划上(即选择和确定目标)。这是一个目标方向选择和总体目标规划问题。对于管理绩效，现代管理理论有一个重要的公式：管理绩效=目标方向×工作效率。目标方向错了，效率再高也只能是无效劳动。在保证图书馆目标方向正确的前提下，还要做好总体目标规划，以有效地指导图书馆管理活动。

(二) 图书馆目标管理是系统整体的管理

有组织的集群活动之所以比个人的力量大，之所以能完成个人无法完成的任务，就在于经联系把分散的个体结合为一个整体——组织系统，而图书馆管理活动是在组织系统内进行的。由于图书馆管理活动的这种系统特性，就决定了必须以共同的目标来统一全体人员的思想和行动，必须实行系统整体管理，才能获得好的绩效。

为什么说图书馆目标管理是一种系统整体的管理？

第一，目标是图书馆系统功能的集中体现，是评价管理绩效的根本标准，因而抓住了目标也就把握住了整体。

第二，图书馆全体员工参加了管理活动。通过目标制订与分解过程，把图书馆内全体人员动员起来参加管理活动，参与对未来的谋划。这样既有利于使全体人员明确图书馆的共同目标，加强整体观念；又有利于明确各部门、各个人为实现共同目标所应承担的任务和目标以及在图书馆系统中所处的地位和作用，从而达到运用目标系统实施系统整体管理的目的。

第三，明确了目标也就明确了工作重点，有利于按“保障重点，兼顾一般”的指导原则对全部工作进行统筹安排，指导图书馆各部门和各个人的行动，防止“各唱各的调”的现象发生，从而达到保证整体和提高管理绩效的目的。

(三)图书馆目标管理是重视成果的管理

获取尽可能好的成果，是人们从事各种活动的共同愿望。然而，对于图书馆管理活动。怎样才能获得尽可能满意的成果？为此，首先必须搞清楚什么是图书馆管理活动的成果。由于图书馆管理是有组织的集群活动，所以图书馆管理活动的成果是指图书馆的目标水平和目标达成度，即目标成果。目标水平高、目标达成度高，图书馆管理活动的成果就大，反之就小。那么，什么是图书馆的目标成果？目标成果是由图书馆的基本任务——最好地满足读者的知识信息需求决定的，即将基本任务转化为目标的那部分成果。如果抓不住目标成果，就是本末倒置了。譬如，一所图书馆打扫卫生得了红旗(成果)，或参加红歌比赛得了第一名(成果)，但读者投诉相当多，藏书利用率也很低，能说这所图书馆办好了吗？答案显然是否定的。因此，通过目标成果来评价图书馆管理绩效是合理的，图书馆目标管理就是重视成果的管理。

(四)图书馆目标管理是重视人的管理

人是管理的核心和动力，没有人的积极性是不能把事情办好的。人既是图书馆系统的管理者，也是被管理者，只有建立良好的人际关系，才能使图书馆管理产生好效益。然而，怎样调动图书馆人的积极性，协调好图书馆人际关系？图书馆目标管理强调：第一，目标要经过上下级充分协商以后由下级自己制定目标，不要勉为其难和强行指定任务，并且上级还要为下级创造实现目标的条件，以提高下级实现目标的信心和主动性。第二，用目标指导行动，要求上级少干预下级的工作，发挥下级自主管理能力，以创造施展才华的环境。第三，明确目标，使图书馆人在从事某一项活动之前，就知道活动的目的和要取得的具体成果，使“软”的管理变成可以看得见的“硬”管理，既增加压力，又增加动力，以激励图书馆人为实现目标去奋斗。

第二章　图书馆知识管理

第一节　图书馆管理的科学认知

一、知识

（一）知识的定义

知识是知识管理研究的基础和逻辑起点，它是一个内涵十分丰富，外延非常广泛的概念。由于知识的内在复杂性和开放性，对其进行准确的界定是很困难的。目前，关于知识的定义十分丰富，不同的研究者，对知识的理解和定义也不同，他们从各自的认识立场和研究角度出发对知识进行了各不相同的定义。

《辞海》认为，知识是“人类认识的成果或结晶。包括经验知识和理论知识。经验知识是知识的初级形态，系统的科学理论是知识的高级形态。人的知识(才能也属于知识范畴)是后天在社会实践中形成的，是对现实的反映。辩证唯物主义把社会实践作为一切知识的基础和检验知识的标准。知识(精神性的东西)借助于一定的语言形式，或物化为某种劳动产品的形式，可以交流和传递给下一代，成为人类共同的精神财富。知识随着社会实践、科学技术的发展而发展”。

美国哲学家詹姆士(James)认为：“知识是基于经验的理解。”

英国哲学家波普尔(Popper)在“世界 3 理论”中把知识分为三种基本类型：世界 1 知识，即客观知识，指物理系统的编码结构，这些编码结构能够使客观物体适应其环境；世界 2 知识，即主观知识，指信念或人们内心深处关于世界、美和正确等的信念倾向，这些信念或信念倾向是在人们试验、评价和经验的基础上形成的；世界 3 知识，即记录在物质载体上的主观知识，介于客观知识和主观知识之间，是一种可共享的语言陈述，是关于世界、美和正确等的知识表述，这些知识经由代理者(个人、群体、社区、团队、组织、社会等)获取、表述、试验、评价而形成。

美国学者波拉尼(M．Polanyi)在1958年提出了两种最基本的知识类型，即隐含知识(tacit knowledge)和明晰知识(explicit knowledge)。隐含知识也称为个人知识，是带有情境性质的难以表述的“受约束的知识”；明晰知识也称为编码知识，是能够编码且被编码的知识。

美国知识管理学者达文波特和普鲁塞克(Davenport and Prusak)认为，“知识是结构化的经验、价值、情境化信息和专家见解的流动组合，这种流动组合能够为评价和组合新经验和新信息提供框架。知识源于也应用于知识者的头脑。在组织中，知识不仅嵌置于文献和知识库中，而且也深藏在组织的惯例、流程、实践和规范中”。同时，达文波特和普鲁塞克还分析了数据、信息和知识的关系。①数据是一组关于事件的不连续的和客观的事实。②信息是赋予关联和目的的数据。信息与数据的最大区别之一就在于信息有意义。数据通过“情境化”“分类”“计算”“纠错”和“简化”五种方式可以转换为信息。③知识来源于信息，人类个体或组织通过知识创造活动使信息转变为知识。信息转变为知识主要通过“比较”“推论”“关联”“对话”四种途径。

美国知识管理学者法雷斯通和麦克劳埃(Firestone and McElroy)也比较了数据、信息和知识，他们认为，数据、信息和知识都产生于社会过程。数据具有可观察性、可测量性和可计算性，数据通常用结构化的格式(概念情境)来表述，数据是信息的子集。信息是加载了概念约定和解释的数据，是以某种方式萃取、过滤或格式化的数据。知识是经过检验和评价，旨在减少错误和寻求真理的信息，知识也是信息的子集。

著名的管理大师德鲁克(Drueker)指出，“知识是一种能够改变某些人或某些事物的信息，这既包括使信息成为行动的基础的方式，也包括通过对信息的运用使某个个体(或机构)有能力进行政变或进行更为有效的行为的方式”。

无论从哪个角度给知识下定义，现在所指的知识主要是指系统的科学理论，而不只是传统的经验知识。从一般意义上说，知识是人们在认识和改造客观世界与主观世界的实践中，对主客观世界的认识和实践经验的总结，是人们认识的结晶，是人类智力劳动的成果。同时知识只有在使用过程中，才体现出其价值。才成为有实践意义的、真正的知识。

(二) 知识的分类

随着对知识内涵认识的加深，人类从不同角度对知识进行了分类。根据不置的标准，知识有多种分类方式。

(1) 根据知识的属性，可将知识分为显性知识(explicit knowledge)和隐性知识(tacit knowledge)。野中郁次郎和竹内广孝认为，显性知识是可以用语言和文字进行表达的知识。它能够脱离原有的情景，借助数据、科学公式、规范、手册等形式加以共享，可以通过系统、正规的方式在人们之间进行传播，即容易被处理、储存和传递。典型显性知识主要是指以专利、发明创造、文件、规章制度、设计图、报告等形式存在于书本、计算机数据库、CD-ROM 等中的知识；而隐性知识是个人或组织经过长期积累而拥有的不易用言语表达，也不可能传播给别人或传播起来非常困难的知识。它与人们的行动、经历、理想、价值、情感密切相关，是高度个人化的，它存在于人们的潜意识中，只有通过体验和行动才能获得，通过互动的对话、故事以及共同的经历才能传播。隐性知识表现为工作诀窍、经验、视点、形象、价值体系等。

(2) 根据知识可应用范围和可传递性，可将知识分为通用知识(general snowledge)和专门知识(specific knowledge)。通用知识是指适合于各种工作环境的知识，它着眼于解决各个行业或组织中具有共性特征的问题，具有普遍适用性。通用知识具有共享性，组织或公司可以更容易和有针对性地在不同知识或实践团体中对通用知识进行编码和交换。而专门知识着眼于提供适合于特定工作环境，满足特定需求和为解决特殊问题所开发的知识。专门知识具有特定的情景性，它的产生与运用根植于某种特定的环境，一旦脱离了此环境，这种知识就会部分或全部地失去其意义。如果要对其进行编码并进行传播的话，就要求个人或组织复制、再现与之相关的情景。因此，通用知识的转移成本很低。专门知识转移的成本很高，但两者处于知识连续体的两端。

(3) 根据知识的隶属关系，可将知识分为个人知识(individual knowledge)和集体知识(collective knowledge)，或者分为专有知识和公共知识。个人知识是个体所拥有的能力、信息与知识的总和。个人知识不可避免地带有专业或专用的特性，它对应于专有知识，是指需要付出高昂代价才能获得的知识，具有竞争性、排他性、保密性和商业性。但个人知识也可以进行人际间转移，进而引起知识保持和积累的潜在问题。集体知识则以分散和共享于组织成员之间的方式存在，存储在组织原则、惯例、实践、结构，以及组织对过去经历、目标、愿景、竞争对手、组织关系所达成的共识中。集体知识既可以以数据形式存在于数据库中，也可以以人际互动中知识流动的形式呈现，它对应于公共知识，是指不必付出高昂代价即可获得的知识，具有非竞争性和非排他性。较之个人知识存在于个体之中，集体知识存在于个体之间。集体知识并不等于组织成员个体知识的加总，是多是少取决于个体知识向集体知识转化的机制。

(4) 根据知识的载体，可将知识分为主观知识和客观知识。主观知识是寓于人的大脑中并为个人所占有的认识和经验、思想和创造性思维等；客观知识是以各类文献为载体的知识。

(5) 依据知识的范围，可将知识划分为内部知识和外部知识。内部知识是指组织内部所拥有的各种知识，包括品牌、商标、专利、发明、报告、商业秘诀及员工所拥有的知识；外部知识是指组织以外的、有利于组织发展并能为组织所获取的各类知识。

(6) 按知识对组织的作用和重要程度，可将知识划分为核心知识和非核心知识。核心知识是指能使某个机构为用户带来特别利益的独有技术，并使该技术迅速、高效地转化为高质量的产品和服务的能力；非核心知识是指辅助核心知识的产生、形成和发展的制度、文化、技术及知识等。

(7) 根据知识的内容和发展过程，可将知识分为事实知识(know-what)、原理知识(know-why)、技能知识(know-how)、人力知识(know-who)。事实知识即关于客观事实的知识，此类知识类似于人们通常所说的信息，可通过书本、因特网(Internet) / 内联网(Intranet)、数据库等获取；原理知识系指通过实践活动并得到验证的科学理论知识，此类知识在多数产业中支撑着技术的发展，以及产品和工艺的进步，它可以通过经培养、训练并且具有丰富经验的员工获取；技能知识即技术诀窍、技能和能力方面的知识，典型的是机构发展和保存的专门技术或诀窍，它可通过企业日常生产活动、企业间合作对等获取；人力知识是指在特定的社会关系中获取的知识，即知道何人具有何种知识和能力的知识，涉及社会关系等方面。事实知识和原理知识属于显性知识，易于整理和存储，可通过读书、听讲和查看数据库而获得。而技能知识和人力知识属于隐性知识，它们存储在人的脑海里，是一种经验的体现。

对组织内的知识类型，斯坦和兹瓦斯(Stein and Zwass)提出了一种整体的观点，认为组织记忆系统中的知识可分为隐性知识、程序知识、事件知识、社会知识、概念知识、编码知识、经验型知识。

(三) 知识的特征

1．知识的资源性

知识与物质、能力共同构成人类社会的要素，它与物质和能力一样也是一种资源，只是这种资源与物质资源相比，具有不会损耗、可反复使用、不断延续、复制成本低、难以模仿等独特的优点。知识是创造性智力劳动的产物，区别于传统意义上的物权客体的有形物。同时知识必须通过一定的、有形的物质载体才能得以实现，它不能独立存在，其物质载体的形式不是唯一的，可以是文字、图表、公式、语言等各种形式，这些有形载体可以复制和仿造。

2．知识的传递性

知识作为人的经验存在于其大脑中，并可以用各种符号的逻辑组合、图形的方式及物理的方法等表示出来。知识能被存储起来，如存储在书本、磁盘或光盘乃至大脑中。由于知识具有可表示性和可存储性，它可以被加工处理、积累、传递和继承等。在传递过程中还可以根据需要将知识从一种表示形式转换为另一种表示形式，而其含义并不发生变化。

3．知识的共享性

知识的共享性包括知识的扩散性和知识的非消耗性两方面。知识生产一旦取得成果，便可无限复制，知识资产本身的费用不会因传播费用而增加。同时，知识产品无论怎么使用，都不会损耗，反而还会增加其价值。从知识的公共消费权利(即“非排他性”)和知识的消费量竞争(即“非竞争性”)来看，知识属于公共物品，具有共享性，是人们共享的财富。

4．知识的指数增长性

许多研究表明，加以适当的激励，知识可按指数级增加，所有的知识增长曲线都具有这一特点。随着知识逐步的累积，知识基础本身也在随之增加。不断增加的知识基础使知识总体发生了指数级增长，这就是知识的指数增长特性。

5．知识使用的同时性和重复性

物质产品只能由特定的对象一次性使用，但知识则可以由不同的对象同时使用和重复使用。知识被使用的次数是无限的，且在使用中不会被消耗。但是知识存在老化的问题，它会随着科技的发展而过时。

6．知识的增值性

大多数资产的价值都会在使用中不断下降，知识则不同，它被越多的人所使用，其价值就会得到越多的体现。并且在使用过程中知识不仅不会被消耗而且还会增值。这种增值来源于：①知识会因为更多人的共享而形成行为准则，使其增值；②使用者在实践中不断赋予知识新的内容，也会使其增值(相丽玲，张延飞，2010)。

7．知识的占有性

由于知识具有非排他性，即一个人或组织拥有知识不排除他人或其他组织也同时拥有此知识。某一个体或组织拥有的具有市场价值的知识产权如果耗资巨大，且不一定成功，那么这一个体或组织将面临很大的风险。国家一般有保护知识产权的相应机制，因此个体和组织可以通过申请专利来保护自己的产权。同时也可采用保密和挽留关键职员的方法来保护自己有用的、稀缺的、被盗用性高的知识产权。

8．知识的时效性

随着时间的推移，知识的价值会随之发生变化。在特定阶段，知识被一部分人或者组织专有，在相关的新知识出现之前，随着社会对该知识需求的增加，其价值会变大。但是，相关的新知识出现后，其利用价值就会逐渐减少，逐渐贬值，直至毫无价值可言。

二、知识管理的定义

知识管理是一个新兴的跨学科领域，人们分别从不同角度对知识管理进行了定义，目前学界对知识管理概念的认识并不统一。

国外代表性的知识管理定义如下所述，美国学者达文波特(Tom Davenport，1994)认为，知识管理是捕获、分配和有效利用知识的过程。美国学者威尼哥(Wenig)认为，组织知识管理主要包括两种活动：一种活动聚焦于从组织内部和外部获取知识，另一种活动聚焦于明智地应用知识来实现组织的使命。美国学者维戈(Wiig)认为，组织知识管理须从三个维度考察：一是业务维度，关注组织为什么、在哪里和在多大程度上对知识进行投资和开发；二是管理维度，关注知识实践和活动的决策、组织、指导、支持和监督，• 这些实践和活动旨在实现业务战略和目标；三是操作维度，关注应用技能知识完成基于明晰知识的工作和任务。美国学者穆雷(Murray)认为，知识管理是把一个组织的智力资产(包括记录信息和组织成员的才智)转换为更高的生产力、新的价值和持续增强的竞争力的战略。1998 年，德国企业家斯特凡 • 洛特曼等认为，知识管理就是通过对知识有意识地利用，使之变成一种可以管理的企业资源。加拿大学者杜菲(Duffy)认为，知识管理是通过对组织的智力和经验进行投资从而驱动创新的过程。美国学者提瓦纳(Tiwana)虽然没有给出知识管理的定义，但他界定了什么不是知识管理：知识管理不是知识工程，不是流程，不仅仅是数字网络，不是组织的内部网，不是一次性投资，不是企业的“信息银行”。美国学者格罗夫和琼斯(Groff and Jones)认为，知识管理是指保存、分析、组织、改进和共享业务技能知识的工具、技能和战略。

国内具有代表性的知识管理定义如下所述。金吾伦认为，知识管理是适应知识经济时代的管理，用知识和智慧对知识进行管理，以便最有效地开发、配置和利用知识资源，服务于经济和社会发展。李绪成等认为，知识管理就是从知识拥有者那里获取知识，然后把这些知识用到需要它的地方，让使用它的人能够做出好的决策，从而达到个人或企业的目标。王德禄认为，知识管理是指一个组织整体上对知识的获取、存储、学习、共享、创新的管理过程，目的是提高组织中知识工作者的生产力，提高组织的应变能力和反应速度，创新商业模式，增强核心能力。韩经纶认为，知识管理是建立在知识分工基础上的一种新型管理模式，是运用现代信息技术和网络手段对相关知识进行连续管理的过程。其中最大限度地利用和传播知识是组织提高核心优势和竞争力的关键，知识的内部共享和知识创新是组织持续发展的灵魂。邱均平和段宇锋认为，知识管理可以从狭义和广义角度理解。狭义的知识管理主要是针对知识本身的管理；广义的知识管理不仅包括知识本身，还包括对与知识有关的各种资源和无形资产的管理，涉及知识组织、知识设施、知识活动、知识人员等的全方位、全过程的管理。柯平认为，狭义的知识管理是指组织对知识资本的管理；广义的知识管理是通过对知识的创造、组织、传播分析、开发与利用等途径，使之发挥效用的一种理论与方法。建立在这个基础上的知识管理可分为企业知识管理和知识资源管理两类。

虽然国内外学者对知识管理的表述各不相同，但他们揭示的概念实质是相同的。知识管理的实质是对组织中所有员工的经验、知识、能力等因素的管理，实现知识共享并有效实现知识价值的转化，以促使组织知识化和不断成熟壮大。因此，知识管理就是获取、利用并创新知识，提高组织创新的能力，以保障组织生存发展的一种活动。它包括知识的获取、整理、保存、更新、应用、测评、传递、分享和创新等基本环节，并通过知识的生成、积累、交流和应用管理，以实现知识的资本化和产品化。知识管理的出发点是把知识看作最重要的资源，把最大限度地获取和利用知识作为提高组织竞争力的关键。

三、知识管理的相关因素

（一）知识管理与人、技术、业务流程和组织的关系

1．知识管理与人

人是知识管理中最为重要、最具有能动性的因素，主要表现在三个方面。①人是知识的重要载体。人不仅可以通过学习掌握各种显性知识，而且是隐性知识的唯一载体，而隐性知识决定了人在知识管理过程中的不可替代性。②人及其实践活动是知识的唯一来源。通过智慧和主观能动性，人可以在实践活动中归纳出各种有用的经验、规律以形成隐性知识。同时人也能促使隐性知识的显性化。虽然可以借助各种现代技术工具总结和发现在一般条件下难以得到的规律、经验和知识，但缺少了人在其中关键性的作用，这些发现也是不可能的。③人是应用知识创造价值的主体。在知识经济时代，各种具有专业化知识的人才是技术设备始终无可替代的，因为技术设备也仍然需要人来设计、制造、操纵和维护。

2．知识管理与技术

技术是知识管理的基础支持因素，是实现知识管理的工具。它有两种形态，一是固态的技术设备形态，即物化的技术和设备；二是具有能动性的技术保持形态，即掌握技术的人员。知识技术管理涉及知识管理系统所依赖的技术及相关设备的管理，是整个知识管理系统得以实现的基础和处理平台，包括建立关系型数据库、知识仓库、决策支持、多库协调系统、内部网络，以及系统的日常维护和疑难检修、多态交流和统一联系渠道等。只有设备形态的技术基础和人力资源形态的技术基础完美结合，才能使知识技术管理真正发挥作用，使组织决策者、现有资源、知识、社会环境、技术设备和人力资源构成一个和谐的综合性体系。同时组织在开展知识管理时还必须正确认识和处理技术、文化、战略和组织设计之间的关系，避免在知识管理过程中的唯技术倾向，毕竟技术在知识管理活动中只是一种手段。

3．知识管理与业务流程

业务流程是以客户需求为起点，组织输入各种资源，创造出客户满意的产品

或服务，以实现价值的过程。知识管理与其业务流程结合，能够改善业务流程，提高服务质量，节省管理成本。业务流程知识按其来源和通用性可分为基础常识、常规操作和业务经验等，由于前二者属显性知识，可以比较容易地实现知识的积累和分享；而后者则是典型的隐性知识，其知识管理的难度较大，需要复合型、非标准化的知识管理方式管理。由于传统组织中的业务流程是按分工理论构建的，本身就存在许多弊端，为适应知识管理的需要必须对业务流程加以重构。按照业务流程的不同分类标准，业务流程知识的重组可采取两种方式：①横向整合，即对业务流程相同或相似步骤的知识进行横向交流与整合融通，使局部的业务知识水平得到提升，进而改进业务流程总体的知识和实践水平；②纵向整合，即业务流程垂直步骤上综合考虑各步骤的因素，进行整体收益最大化的知识重组，实现业务流程的大幅度、跨地区、跨部门、跨公司的整合。

4. 知识管理与组织

为适应组织业务流程整合的变化，组织结构也必然要作相应的调整。而知识管理的组织结构不仅涉及部门设置、职能划分和权限控制等问题，还直接影响到知识管理过程中起主要作用的人员，包括承担宏观控制职能的首席知识官、承担中层指导职能的知识管理项目经理以及承担微观操作职能的知识工程师。这些人员，不仅是组织知识管理的驱动者和构建者，也是组织控制和获取知识流不可或缺的要素。

(二) 知识管理的主体与客体

1. 知识管理的主体

知识管理的主体是人和由人组成的群体，包括个人、集团和社会，表现为人的各种组织形式。知识管理的主体可以分为个人、组织(包括企业和机构等)、国家乃至人类社会四个方面。

(1) 个人主体。知识社会对个人发展提出了更高要求。由于知识更新的速变不断加快，传统的教育方式已不能适应时代的需要，这就要求每个人有意识地不断学习来丰富经验和知识，进行自我终身教育。在坚持学习的前提下，要不断总结经验和进行思考，努力使自己获得的知识系统化和编码化，同时要有意识地与别人交流，在分享知识的过程中实现知识的更新。此外，个人还需要不断分析总结自身的知识结构，对需要进一步学习的知识，要制订相应的计划，从而对个人知识进行有效管理。

(2) 组织主体。知识管理活动的最主要实施者是以营利为核心目的的企业，知识管理活动将为企业带来直接效益。企业通过组织的调整和管理方式的创新，消除组织交流障碍、营造知识共享环境、构建扁平化组织结构、建立广泛的外部网络等方式，不断地将知识运用到经营管理、生产和服务的各环节，从而不断地实现产品、生产过程和经营模式的创新。创造新的知识，是当前知识管理的重点。非营利性的组织，如图书馆、学校和研究院所，也需要不断地获取知识、传播知识和创新知识，以不断地向人们提供各类知识。

(3) 国家主体。在不断变幻的国际形势下，一个国家要制定和执行政策以实现可持续发展，要完成政府在知识经济时代的职能，要制定和实行更为科学的经济和政治决策，要为企业创造更有利的发展环境，要提高政府自身的运作效率等，为实现这些日标，国家也需要制定发展政策和战略知识，需要执行政策和实施战略的知识，需要应对突发事件的知识，因此国家也必须进行宏观的知识管理。

(4) 社会主体。当前，面临人类社会共同的威胁与挑战，世界各国也在联合起来共同寻找应对危机的知识，而这些知识必然涉及新兴的技术知识和管理知识，因此加强社会主体的知识管理也很有必要。

2．知识管理的客体

知识管理的客体是指人们所认识或处理的对象，包括自然界、社会、组织和个人，表现为知识内容和知识过程。

(1) 知识的内容。

这是从静态的角度来看待知识的。知识内容有不同的表现形式：一般形式、商品形式和资本形式。知识作为一般形式，具有可表示性、可存储性、可传递性、可共享性、可多次利用性、可占用性等特性。知识并不是一开始就成为商品的，当知识作为人类劳动的产品就具有了商品的属性，在除了满足生产者的需求外出现了剩余知识产品，并能由生产者自由交换和拥有对知识的私有产权(表现为知识产权)后，知识就成为知识商品，而知识的商品化从根本上推动了知识存量的增长和科技的进步。当知识用于交换，以知识商品的形式存在，并且成为商品生产和流通过程中价值形成和增值的手段或载体时，知识表现为资本形式。知识资本以知识形态存在和流动，在商品货币关系中以商品价值形式追求其增值的价值。人们对知识的拥有权和知识自身的权利特征一般是通过知识产权得以实现的。知识产权制度的确立，一方面可以确保特定主体对其智力成果所享有的权利，从而使知识成为有价商品并可以进行交换；另一方面可以促进知识及科技的进步，促进知识及时而广泛地传播与应用，避免知识生产的重复进行，缩短科技进步的周期。

(2) 知识的过程。

这是从动态的角度来看待知识的。它包括三个方面。①显性知识与隐性知识的转换，即社会化(从隐性知识到隐性知识)、外在化(从隐性知识到显性知识)、组合化(从显性知识到显性知识)和内在化(从显性知识到隐性知识)。②知识线性价值链，主要包括知识管理的关键过程，如知识的获取、知识的存储、知识的处理以及新知识的生成过程，而从经济侧面来看则是知识怎样通过价值链进行增值。③知识网络系统，它从技术侧面探讨知识通过技术网络或社会网络进行传递、转换的过程，是知识生产、传播、扩散、应用、创新的机制和网络系统，强调企业内部各职能部门之间及其与外部的组织(如供应商、大学、研究机构、其他企业，政府等)之间的相互作用与相互联系。其与知识价值链的根本区别在于：知识价值链是线性模型，而知识网络系统是网络模型。

四、知识管理的内容与模式

(一) 知识管理的内容

知识管理的主要内容是指对知识的生产、学习、交流、利用、评价和改进等过程进行管理。其中重要性、复杂性和难度最大的内容是如何发挥员工的积极性以促进知识创新，从而挖掘和共享其隐性知识，其主要内容如下。

1．知识管理的知识战略和知识经营管理的策略

对于一个组织来说，要想充分发挥知识的作用，需要从宏观上制定组织的知识战略，而知识战略必须要符合组织总体发展战略。对于国家来说，知识战略是国家可持续发展总战略的有机组成部分。对于一个企业来说，知识战略服务于企业总战略，特别是企业创新战略的实施。

2．知识管理的基础设施

这是知识管理的支持部分，主要包括两个方面。①组织结构，它不仅涉及部门设置、职能划分和权限控制等，如专门的知识管理部门及在知识管理过程中起主要作用的人员(首席知识官、知识管理项目经理、知识工程师等)，还涉及人与人之间的各种联系渠道；②知识管理系统所依赖的技术及相关设备，如关系数据库、知识仓库、决策支持、多库协调系统、内部网络，以及多态交流和统一渠道等。

3．知识管理与业务流程结合

业务流程是指以客户需求为起点，组织输入各种资源，创造出客户满意的产品或服务，以最终实现组织价值的过程。在一个组织中，业务流程决定其运行的效率，因此，对业务流程相同或相似步骤的知识进行横向交流与整合融通，或直接搜集和整理各流程步骤知识并通过整合实现流程知识的纵向重组，使组织的知识资源在知识链上形成畅通无阻的知识流，让每一个员工在获取与业务有关的知识的同时，都能为组织贡献自己的知识、经验和专长。

4．知识管理的方法

知识管理的方法包括宏观和微观两个方面。宏观方面主要指运用人本管理思想来加强对员工的管理；建立灵活的扁平化组织来弱化等级，营造一种平等竞争的气氛；创立一种知识共享文化，形成一个能够让知识自由流动的环境。微观方面主要指知识管理实践活动中所应用的各种方法，如知识挖掘与检索方法、知识组织与存储方法、知识传输与共享方法等，这些方法可以动员内部的各种力量去获取各种知识资源，并对知识加以组织和处理，使其有效地运用到工作实践中去。

5．知识的获取和检索

知识的获取和检索是指组织或个人的知识收集活动，是组织或个人知识的来源。组织为了生存和发展对知识的需求，动员内部的各种力量去获取各种知识资源，加以组织和处理，使其有效地运用到工作实践中去。它可以通过利用知识管理的具体工具，如智能客体检索、多策略获取、多模式获取和检索、多方法多层次获取和检索等，从内部、外部、合作伙伴乃至竞争对手处获得有用的知识。它要求在现有知识不足的情况下对知识进行创新，以建立、更新、扩充知识库，从而充分利用内外各种知识资源。

6．知识的传递

知识传递是知识在不同个体之间、不同组织之间以及不同组织和个体之间的有效传送问题，其传递途径包括建立知识分布图、电子文档、光盘、DVD 及网上传输、打印、直接交流、会议等知识媒介。知识传递是知识管理的动力，是实现知识流通和知识共享的前提。知识只有在流通中才能不断产生价值。为促进知识流通，应该建立有利于知识传递的体制，创新知识流通的技术条件。

7．知识共享和评测

知识共享就是打破不同知识所有者之间的壁垒，实现知识在一定范围内的自由流动和自由使用。知识共享的目的在于建立一种良好的组织文化和灵活有效的激励机制，从而激励员工参加知识共享。知识评测包括两个方面，一是建立评价、计量知识价值的方法，为知识管理提供价值依据；二是建立顾客满意度测评体系和评价体系，为组织目标的改进提供依据。

8．保存、保护和经营好知识资产与知识资本

对现有的知识资产，无论是有形的还是无形的，都要加以保存，建立知识库。要经营知识资本，使其增值，同时还要注意对知识产权的保护。

(二) 知识管理的模式

正如知识管理有诸多的定义一样，知识管理模式的定义也多种多样，主要有如下三类定义模式(夏敬华和金昕)。

1. 以“人”和“技术”为维度，知识管理模式分为信息化模式、人性化模式和综合化模式

(1) 信息化模式只从“技术”维度考察知识管理策略，生产和经营活动主要依靠显性知识，一般利用原有的知识进行重复性的生产或经营活动。

(2) 人性化模式只从“人”这个维度来进行知识管理，生产经营活动主要依靠员工头脑中的隐性知识，而不是公司现有的显性知识。

(3) 综合化模式同时从“技术”和“人”两个维度管理知识，强调从“人”到“人”的隐性知识分享，同时又开发虚拟会议以及知识地图以方便和促进人与人之间的交流，或者强调技术在知识管理过程中的作用，以从“人”到“知识库”的隐性知识显性化以及“知识库”到“知识库”显性知识的集中化为主。

2. 以“产品”和“过程”为参数，知识管理分为“以产品为中心”模式和“以过程为中心”模式

(1) “以产品为中心”的模式认为，知识是一种能够定位和操作的对象。或是一种能够创建、存储、分发知识的库存，它集中于显性知识产品的创建、存储以及再使用。

(2) “以过程为中心”的模式认为，知识只能通过促进、鼓励、培育以及引导学习过程才能被有效管理，知识管理是一种社会化的交流过程。该模式强调群件系统的建设、知识社区的建制等。

3. 以“合作程度”和“工作复杂程度”为维度，知识管理模式分为事务模式、集成模式、协作模式和专家模式

(1) 事务模式的最大特点是“规范化”，通过核心业务知识的规范化、标准化确保核心业务活动持续稳定地开展。它强调知识的系统化、运作的自动化，工作常规化、操作程序化和员工行为标准化，不需要太多创造性的员工。这种模式在工作复杂程度和相互依赖程度上都比较低。

(2) 集成模式着眼于“整体最优”，着重于跨部门的统一协调，通过业务集成的方式促使掌握相关知识的各部门形成统一的运作规则和行动标准，充分发挥共享目标体系和信息反馈体系的作用，使各部门的功能性决策建立在整体运营效率最大化的基础之上。这种模式相互依赖程度相对高，但工作复杂程度相对低。

(3) 协作模式注重从全局角度来综合各种知识，调动各方面的知识储备来解决错综复杂的问题，尤其强调学习型组织“共同超越”理念的挖掘，建立起激励员工参与知识共享的机制，共同关注个人和集体创新能力的培养。这种模式在工作复杂程度和相互依赖程度上都比较高。

(4) 专家模式注重从专家的工作中获取核心业务发展的推动力，发挥“明星效应”，要求企业必须采取特别的激励手段吸收具有专门知识的个人，鼓励他们进行价值增值活动，把知识管理重点放在知识资本的“内部运营”，通过长期的职业发展方案培养企业内部骨干。这种模式相互依赖程度相对低，但工作复杂程度相对高。

第二节　图书馆知识管理的实施

自从图书情报界的有识之士察觉到知识管理思想的价值以来，许多人将知识管理与图书馆联系在一起做了理论上的探讨。2009 年 11 月 29 日，我们以“图书馆+知识管理”为题名检索式，对中国知网“中国学术文献网络出版总库”进行了检索，共获得相关论文 1 213 篇。应该说，学术界对图书馆知识管理的理论研究已形成一种热潮。然而，图书馆知识管理实践却相对冷清，国内仅有上海图书馆、中国科学院文献情报中心和深圳南山区图书馆等屈指可数的几家图书馆做了尝试。绝大多数图书馆将传统的文献管理等同于知识管理，认为那就是知识管理的全部，尚缺乏现代知识管理意识，更不可能将现代知识管理提上议事日程。与此相反，发达国家图书馆实施知识管理的实例正在日益增加，如美国、英国、加拿大、新加坡等国。因此，“图书馆知识管理的实施”是一个迫切需要研究并富有现实意义的课题。

一、设立知识主管

知识主管(Chief Knowledge Officer，CKO)是指在一个组织内部专门负责知识管理的官员，它是近年来随着知识管理的发展而在企业内部出现的一个新的高级职位。图书馆作为知识收集、加工和传递的中心，同样应该创建知识主管机制。为了使知识管理成功，知识主管应该设立在有支配权和有责任的上层管理梯队里，譬如由一名副馆长专任或由馆长兼任。图书馆知识主管的主要职责是：①制定图书馆知识政策；②提供决策支持；③帮助员工成长。具体而言，图书馆知识主管应做到：①了解图书馆的环境和图书馆本身，理解图书馆内的知识需求；②建立和造就一个能促进学习、积累知识和知识共享的环境，使每个人都认识到知识共享的好处，并为图书馆的知识库做贡献；③监督保证知识库内容的质量、深度、风格并使之与图书馆的发展一致；④保证知识库设施的正常运行；⑤加强知识集成，产生新的知识，促进知识共享。

要完美地履行上述职责，图书馆知识主管必须拥有以下四方面的能力：①CKO应是一位技术专家。CKO 必须了解哪些技术有助于知识的获取、储存、利用和共享。②CKO 应是一位战略专家。要实现有效的知识管理，仅仅拥有合适的软硬件系统是不够的，还要求图书馆 CKO 把图书馆知识开发、共享和创新视为竞争优势的支柱，对包括信息在内的所有知识资源进行综合决策，实施全面管理。③CKO应是一位环境专家。在德尔福集团 1998 年 2 月 2 日召开的知识管理人员研讨会上，与会知识主管一直认为知识管理工作“20%是技术成分，80%是文化成分”。换言之，CKO 作为环境营造者的角色较之技术专家的角色要重要得多。环境专家的工作包括：空间设计，如办公室和休息场所的设计、建立和布置学习中心：重新设计绩效衡量和部门主管评估体制，甚至包括改进图书馆管理层对 CKO 自身业绩评估的尺度。但更根本的，作为一个环境专家要把图书馆所有管理培训计划和组织发展行为都紧密地与知识管理结合起来，要在这些活动中更加重视提高图书馆的知识创造能力。④CKO 应是一位创新专家。CKO 的动力来源于想要有所作为的愿望和坚持不懈的决心。他们应能够孕育和提出新思想，善于倾听他人建议，如果意见合理并符合图书馆的知识远景则应支持它们。

二、改造图书馆的组织结构

知识管理倡导运用集体的智慧提高组织的应变能力和创新能力，而设计合理的组织结构是创建图书馆核心能力的一条有效途径。面对现代信息技术的挑战和不断变化的用户需求，图书馆必须积极引进企业为实施知识管理而进行的“业务流程重组”(Business Process Reengineering，BPR)或称“企业再造”的管理思想，重新调整图书馆的组织结构和内部关系，进一步增强自身的适应性和竞争性。

图书馆组织结构的设计应以读者为中心，以用户需求为导向，充分实现服务的专业化、个性化，减少管理层次和重复作业，合理配置资源，增强图书馆运行的弹性，提高工作效率。通过业务流程重组，使图书馆建立一种能够迅速适应读者需求的新的服务机制，实现与各个信息系统的交融．给资源的共享、优化、合作和知识的创新带来勃勃生机。

在网络环境下。图书馆的组织结构应改变以往固定的等级模式。打破传统的图书馆职能部门之间的界限，以适应功能的不断拓展和变化。一是在图书馆内建立“柔性组织”，更多地强调组织形态的扁平化和组织行为的柔性化。如采用以团队或小组为基本组织单元的网络化结构的组织形式，将更体现跳跃与变化、速度与反应，更强调人的个性与创造力的发挥，具有灵活、适应性强、高度参与并富有动态性的特点。二是在图书馆外建立“知识联盟”．引进外部知识及经验，以获得能力的扩展和转换。在组织内知识清点的基础上．组建专家网络来提升图书馆的知识、资源和技能水平，增进图书馆之间的相互学习和知识交叉，协同发展。

三、组建完备的图书馆知识库

图书馆知识管理的目标之一是图书馆内部的知识共享。采用传统手段来传递知识往往受到多种主客观因素的制约，有时不能将最适当的知识传送到最需要它们的人手中。若建立知识库，就可以解决这个问题。图书馆应有计划地建立图书馆整体以及各个部门、各个岗位的专业知识体系，将现有知识分门别类、提炼加工，同时还要及时搜集所需的新知识，以形成有本馆特色并不断发展的系统性知识库，协助馆员高效提取所需专业知识资源用于各个部门和各个岗位的实际工作以获得良好的工作绩效。图书馆知识库可分成以下 4 个子库：

（一）外部显性知识库

该库主要收纳社会公共知识。政府出版物、期刊、报纸、学术会议录、标准文献、专利文献以及信息机构制作的具有版权的数据库等，都是社会公共知识的载体，图书馆应根据自身实际跟踪分析并收集相关的部分，以形成自己的特色知识库。

（二）内部显性知识库

该库收纳内部已经或可以用文字形式保存并可检索使用的一类知识，如研究报告、咨询案例、访谈录等。建立该库的关键是有系统性和便于查找。

（三）外部隐性知识库

外部隐性知识库也可以称“外脑”或“智囊库”。用户中不乏各行业、各学科领域的专家，若有效地加以利用就可以形成图书馆宝贵的无形资产。因此．图书馆应在平时的知识服务过程中与用户建立良好的互动合作关系，并建立图书馆的外部专家人才库以及将专家解答的问题加以编码储存的知识库。

（四）内部隐性知识库

该库收纳存在于馆员头脑中的经验、数据、技巧等意会知识。组建内部隐性知识库的基础是尽量把这些意会知识编码化，以供馆员访问和咨询。另外．可以组建内部网络开展电子讨论，让馆员将自己的经验输入内部网络，并对别人的提问和建议给予积极的反馈，管理者则将这些内容全部存入子库。这样一来，一个包括馆员经验、见解和窍门的内部隐性知识库就建立起来了。

四、创立图书馆知识管理系统

图书馆知识管理系统是一种用来支持和改进图书馆对知识的创建、存储、传送和应用的信息技术系统。目前，知识管理系统涌现了多种模式，如基于层次模型的知识管理系统、基于一般系统框架的知识管理系统、基于知识生命周期的知识管理系统、基于知识实践框架的知识管理系统、基于资源的知识管理系统以及基于 XML 的知识管理系统等。

我们在开发图书馆知识管理系统时，应注意以下几个方面：①用户接口设计。即要求知识库管理员在选择工具时，必须考虑是否有标准接口或是否可以按照与组织的其他应用一致的方式来定制。②文本检索与多媒体检索。即要求所开发或利用的搜索引擎能够检索到与检索表达式不完全匹配但实际含有相关信息的文档，而且能够按照相关率高低对检索条目排序。③知识地图。即要求把知识库中的资料与知识目录连接起来。④个性化。即满足知识库管理员手工创建用户文档，或基于 E-mail 标题与原检索式中检索词的自动生成文档来实现知识库的个性化。⑤标准查询。即要求知识库引擎允许知识库管理员定义标准查询，这种标准查询涉及所有用户专门配置文档的关键词．也允许用户公布个人查询。⑥近似组过滤。即满足为用户创建表定义主题选择来实施近似组过滤。⑦知识目录。即要求知识库引擎在用户检索知识地图时．能够识别相关主题专家和馆藏存储信息。⑧合作与通信。即允许被地点和时间分离的团队成员共享那些解决新建议的必要信息，包括方案文件、工作计划、个人计划、讨论组等。

彼特．美索和罗伯特·史密斯认为，从社会—技术的观点来看，组织知识管理系统(Organizational Knowledge Management systems)不仅仅是信息技术系统．而是由技术基础、组织基础、组织文化、知识与人组成的复杂综合体。因此，今后成熟的图书馆知识管理系统除着重于信息技术外，还应该考虑图书馆组织、图书馆文化与人力资源等问题，以保障图书馆的可持续发展。

五、建设学习型图书馆

图书馆知识管理的策略之一就是建设学习型图书馆。在学习型图书馆中，学习、知识共享、提高员工的素质将是图书馆的一项重要职能和目标，图书馆会开展经常性的培训以及团队学习活动。在学习型图书馆中，学习已经内化为图书馆的日常行为，融入图书馆的血液之中。主动学习、自觉学习将代替被动学习，制度性学习、系统化学习将代替零星式学习。总之，向学习型图书馆发展可以从根本上改变一个图书馆的处境。

学习型图书馆具有一些显著的特点。在思维方式上．学习型图书馆具有以下特点：①有一个人人赞同的共同构想。②在解决问题和人事工作时．摒弃旧的思维方式和常规程序。③成员对所有的组织过程、活动、功能与环境的相互作用进行思考。④人们之间坦率地相互沟通(跨越纵向和水平界限)，不必担心受到批评或惩罚。⑤人们摒弃个人利益和部门利益，为实现图书馆的共同构想一起工作。在组织结构上，学习型图书馆具有以下特点：①适应于团队工作而不是个人工作；②适应于项目工作而不是职能性工作；③适应于创新而不是重复性的工作；④有利于馆员的相互影响、沟通和知识共享；⑤有利于图书馆的知识更新和深化；⑥有利于图书馆增强对环境的适应能力。

建设学习型图书馆，需要进行五项修炼，即自我超越、改进心智模式、．建立共同愿景、团体学习和系统思考。其中，系统思考是五项修炼中的核心技术。

(一) 自我超越

自我超越是指突破极限的自我实现和获得娴熟的技艺的过程。自我超越的修炼包括以下内容：①建立个人愿景，即树立个人远大理想和宏伟目标；②保持创造性张力，即不断地从个人愿景与现实之间的差距中创造学习与工作的热情与动力；③解决结构性冲突，即排除阻止个人追求目标和迈向成功的结构性心理障碍；④运用潜意识，即发展潜意识与意识之间的默契关系，以增强意志力。

(二) 改进心智模式

心智模式是指根深蒂固于心中、影响着人们认识周围世界以及如何采取行动的许多假设、成见和刻板印象。改进心智模式就是图书馆成员和图书馆自身打破既成的思维定式，解放思想，进行创造性思维的过程。改进心智模式的修炼包括以下内容：①辨认跳跃式的推论；②摊出对事物的假设：③探询与辩护；④对比拥护的理论和使用的理论。

（三）建立共同愿景

这是图书馆成员树立共同的远大理想和宏伟目标的过程。通过建立共同愿景，把图书馆全体成员团结在一起，创造出众人是一体的感觉。共同愿景深入人心以后，每个员工都会受到共同愿景的感召和鼓舞。对图书馆来说．建立共同愿景，就是要确立新时期图书馆的目标和任务，树立图书馆的形象，将馆员的个人价值与整个图书馆的价值统一起来，将个人的责任与整个图书馆的使命统一起来。这样形成的图书馆规划与图书馆设计不只是代表图书馆馆长的意愿，而是图书馆全体成员的志向和符合时代需要的可实现的工作指南。建立共同愿景的修炼包括以下内容：①鼓励个人愿景，即鼓励个人设计自己的未来；②塑造图书馆整体形象，即培养图书馆成员的集体观念．从集体利益出发分担责任；③融入图书馆理念，即将共同愿景融入图书馆理念之中；④学习双向沟通；⑤忠于事实，即从事实与共同愿景之间的差距中产生图书馆的创造性张力。

（四）团体学习

团体学习是发展图书馆成员互相配合、整体搭配与实现共同目标能力的过程。通过团体学习，可以获得高于个人智力的团体智力，形成高于个人力量之和的团体力量，在团体行动中，达到一种“运作上的默契”和形成一种“流动的团体意识”。

在图书馆中，针对图书馆改革的需要、针对图书馆任务的需要、针对部门的需要等，都可以组织团体学习，让团体成员在学习中理解和创新。以图书馆的人事改革为例，当图书馆的人事改革目标确立以后，要通过学习使全体馆员认识到改革的重要性和必要性，愿意去改革并努力为改革献计献策．解决改革中出现的个人利益与整体利益的冲突、短期利益与长远利益的冲突，变消极因素为积极因素，变被动改革为主动改革，变照搬模仿为开拓创新。

图书馆是社会教育、文化和学术的一个中心，是一个非营利性组织．当这个组织遇到复杂问题时，既要进行学习，也要发挥团队精神。图书馆团队精神要求为实现人类文明进步和社会发展，以知识信息服务为己任，增强责任感和使命感，通过勤奋努力、团结协作、坚持不懈、不断创造，促进人类知识与信息的生产、传播与利用。

团体学习的修炼需要运用深度会谈与讨论两种不同的团体沟通方式。深度会谈要求团体的所有成员摊出心中的假设，暂停个人的主观判断，自由而有创造性地探究复杂的议题，以达到一起思考的境界；讨论则是提出不同的看法，并加以辩护的沟通技术。通常团体用深度会谈来探究复杂的议题，用讨论来形成对事情的决议。

（五）系统思考

系统思考是五项修炼的核心。它教会人们运用系统的观点来看待图书馆的生存和发展，进而将图书馆成员的智慧和活动融为一体。系统思考能引导人们由看事件的局部到纵观整体；由看事件的表面到洞察其变化背后的深层结构；由孤立地分析各种因素到认识各种因素之间的互动关系和动态平衡关系。

五项修炼的每一项都呈现三个层次，即演练、原理和精髓。其中，演练是指具体的练习，原理是指导练习活动的基本理论，而精髓则是指修炼纯熟的个人或团体所自然地体验到的境界，这种境界往往只可意会，而难以用语言或文字来表达。

五项修炼将创造出有利于图书馆成员自我激励、自我管理和自我评价的组织环境；造就整体搭配、互相配合的团队精神；形成“输出资源而不贫、派出间谍而不叛”的群体整合功能；达到管理的人性化和制度化之间的平衡，以及馆员个人事业发展与图书馆发展之间的协调一致。这些都是现代图书馆的管理者孜孜以求的。

第三节　图书馆知识管理的数字技术

一、计算机网络技术

Internet 是通过标准通信方式将世界各地的计算机网络连接起来的网络体系。

Intranet 则是 Internet 技术在组织机构内部实现的内部网络，用于联系和共享组织内部信息，完成组织内部数字处理的网络，它能够以极少的成本和时间将一个组织内部的大量信息资源高效合理地传递到每个人。Intranet 使用 WWW 工具，采用了防止外界侵入的安全措施，为组织内部服务，并有连接 Internet 的功能。Extranet 是组织对外设立的一个服务运作的虚拟网络平台，它为了提高业务服务联系的速度和效率，运用万维网技术扩展组织的 Extranet，它是 Intranet 的外部延伸，在这个平台上，组织不仅可以开展网络服务业务，而且还能增强与外界的实时沟通。Internet、Intranet、Extranet 是整个知识管理系统的硬件支持平台，也是图书馆知识管理系统的技术基础。

二、群件(Groupware)技术

群件是协同群体合作的新工具，包括信息共享、电子会议、日程安排、群件文档、数据库、电子邮件、工作流自动化、软件和联系群体各成员的网络。Fh于群件实现了对非结构化信息的管理和共享，群件能够帮助读者建立应用系统，允许读者定义工作群体，允许多重群体定义。群件技术可以支持集中地点的群体工作，也可以支持分布式环境的分布式工作。例如，一个图书馆可以把从事某一重点课题研究的读者定义为一个群体，也可以把所有的学生定义为一个群体。一个人可以属于多个适当的群体。群件允许多个读者编辑同一个文档，允许访问群体工作日历，共享项目信息，记载所有读者的“会话”和交互作用，支持群体电子会议、屏幕共享和群体决策系统。群件产品与 Internet 相结合使得其威力更加强大。移动计算的功能使得它不但支持图书馆员之间的协作、信息交流和工作进程协调，而且还能方便地支持成员间的问题设计和知识共享，从而使工作组成员可以真正高效地协同工作，并极大地释放了通信、协作与协调的力量。群件对图书馆来说就意味着一种高效的协同工作手段，从而成为图书馆知识管理的一个基础技术和有效工具。目前著名的群件产品主要有莲花公司(Lotus)的 Domino / Notes，网威(Novell)的 Groupwise 和微软(Microsoft)的 Exchange 等。

三、数据挖掘技术

数据挖掘(date mining，DM)，亦称数据库中的知识发现(knowledge disco- very in database，KDD)，是指利用统计分析工具、神经网络、模糊逻辑、遗传算法或者其他人工智能技术，从大量的、不完全的、有噪声的、模糊的、随机的数据中，提取可信、新颖、有效、隐含在其中的、人们事先不知道的、潜在的并能够以被人理解的模式的高级处理过程。随着信息技术的高速发展，人们积累的数据量急剧增长，如何从海量的数据中提取有用的知识成为重要的问题。数据挖掘处理的对象，是数据库中的结构化数值信息，目的是抽取内在的联系和模式，发现不同数据属性的关联规则，预测未来行为的推理规则，满足用户的信息需求，支持其决策过程。数据挖掘就是为顺应这种需要应运而生的数据处理技术。数据挖掘系统(包括查询与报告工具、智能代理和多维分析工具)可以提供有关事物(事件、事项)的关联、顺序、分类、聚类和预报方面的信息和知识。数据挖掘的主要任务是：数据总结、数据分类、数据聚类分析、数据关联分析、数据偏差分析等。通过数据挖掘工具，图书馆可以从凌乱的数据中找到有用的知识。

四、办公自动化系统

办公自动化(office automation，OA)，是利用网络通信基础及先进的网络应用平台，建设一个安令、可靠、开放、高效的信息网络和办公自动化、信息管理电子化系统，将办公人员与设备构成服务于某种目的的人一机信息处理系统。办公自动化为管理部门提供现代化的日常办公条件及丰富的综合信息服务，实现档案管理自动化和办公事务处理自动化，以提高办公效率和管理水平。从图书馆信息处理的角度，办公活动可归结为信息的采集、信息的存储和管理、信息的处理、信息的传送等。它主要包括七个方面。

(一) 公文管理

公文管理主要负责公文的发送与接收工作。如将办公室收到的或办公室内部产生的各类文档进行记录，并将它们存储起来，还包括对文档的查询、借阅以及输出等进行管理。

（二）文字与表格处理

文字与表格处理是办公人员最基本的工作。实现办公自动化后可使办公人员利用文字与表格处理软件来起草文稿和编制各种表格。

（三）备忘录管理

用于帮助办公人员记住各种有关事项。办公自动化系统中的备忘录主要包括电话号码的管理、人名地址管理、日程安排管理、图书资料管理等。

（四）文档管理

用于管理办公室的各种文档资料。它对准备归档的公文或者图书馆各类合同、协议、文件、指示、资料等进行合理存储与查阅，并赋予其分类和查阅权限，实现合理存取。

（五）电子邮件管理

电子邮件管理主要功能是对电子邮件进行发送与接收、分发与转发、保存、查询及删除等。

（六）人事管理

人事管理主要包括员工资料管理、员工薪资管理、员工考勤’管理、员工权限管理、部门机构管理、部门任命管理等内部人事管理的所有功能。

（七）日程安排

日程安排是办公系统的一个必不可少的辅助功能，可分为个人日程、部门日程，主要需要解决的问题是日程的基本存储和信息提示。

五、搜索和索引技术

随着信息量的几何级增长，如何从信息来源极其分散的 internet 中获取所需知识已成为人们日益关注的问题。搜索和索引(search and indexing)系统可以帮助读者在浩瀚无垠的信息海洋中获取自己需要的知识，其中最具代表性的是搜索引擎。搜索引擎，指的是收集因特网上几千万到几十亿个网页并对网页中的每一个词(即关键词)进行索引，建立索引数据库的全文搜索引擎。现在的搜索引擎已普遍使用超链接分析技术，除了分析索引网页本身内容，还分析索引所指向该网页的链接的统一资源定位符(URL)和锚文本(anchortext)，甚至链接周围的文字。搜索引擎的一般原理是通过从互联网上搜集网页、建立索引数据库和在索引数据库中搜索排序三步，由页面生成系统将搜索结果的链接地址和页面内容摘要等内容组织起来返回给用户。搜索引擎的自动信息搜集功能分为定期搜索和提交网站搜索两种。

六、专家系统

专家系统(expert system)是将人类专家的知识和经验以知识库的形式存入计算机，并模仿人类专家解决问题的推理方式和思维过程，运用知识库对现实中的问题作出判断和决策。专家系统基本结构包括知识库、推理机、数据库、人—机接口、解释机构和知识获取六个部分，其中知识获取、知识库和推理机是专家系统的核心。专家系统按照解决问题性质可分为解释型、预测型、规划型、设计型、诊断型、教育型、维修型、调试型、监督型、控制型等 10 种类型。对于图书馆而言，专家系统似乎更应当受到关注的不是已掌握信息的数量而是信息的质量，利用专家系统在某种程度上模拟人的决策，通过巨大的数据和信息分析功能帮助读者找到相应的文献资源，以便他们更快、更便捷地了解当今科技发展的前沿信息和知识。

七、知识地图

知识地图(knowledge map)技术是图书馆知识库管理系统的技术核心。从技术上讲，知识地图的实质就是知识目录的总览。知识地图是一种工具，仅指出知识所在位置或来源，并不包含知识的内容，其所联结的信息包括了人员、程序、内容以及它们之间的关系。知识地图是一个向导而不是一个知识的集合。知识地图的作用，在于帮助读者(用户)在短时间内找到所需的知识资源。图书馆知识地图，是将图书馆各种资源的入口集成起来，以统一的方式将图书馆的知识资源介绍给读者(用户)。知识地图采用一种智能化的向导代理，通过分析用户的行为模式，智能化地引导检索者找到目标信息。

知识管理中的知识地图是一种知识库管理系统技术(DBMS)与 Internet 技术相结合的新型知识管理技术，不同于情报学理论中布鲁克斯(Brookes)提出的“知识地图”概念。布鲁克斯的知识地图是对文献中的逻辑内容进行分析，找到人们创造与思想的相互影响及联系的结合点，从而为用户提供知识之间关系的一种知识组织的理想状态。作为知识管理技术之一的知识地图则是对数据库或知识库中的知识信息，先通过人工或机器方式提取其主题词或关键同，每个词及其代表的文献作为一个节点，然后运用超文本技术，按照一定的规则在这些节点之间建立相应的超文本链接，使用户在命中某一文献后能根据链接提供的线索，进一步访问知识地图建设者认为可能相关的其他文献。知识地图技术建立的仍是文献之间(最多是信息之间)的联系，它遵循了布鲁克斯“知识地图”的思想，但它提供的不是知识之间的联系，所以并不是严格意义上的知识地图。

八、知识库

知识库(knowledge base)是一种由数据库、方法库、模型库、知识源库和专家库组成的知识集群，并使用数据库技术、多维数据库技术、专家系统、数据挖掘技术对知识进行管理的特殊的数据库，库中有与数据相关的语境和经验。知识库是一种特殊的信息库，它不仅仅存储了知识的条目，而且存储了通过各种来源所积累起来的与之相关的内容、知识条目的使用记录、来源线索等相关信息。知识库含有报告和查询工具，是图书馆积累知识、快速满足用户知识需求、创造新知识的基础。并不是所有具有智能的程序都拥有知识库，只有基于知识的系统才拥有知识库。知识库的建立需要拥有知识地图，通过知识地图把知识库中的资料与目录连接起来。

知识库需要个性化，每个不同的读者可以自由配置自己的知识库系统。知识库需要强大的搜索功能，不仅可以对文本知识进行检索，而且可以对多媒体的显性知识资源进行检索。知识库需要每个人都能方便地提交自己的知识，而这些知识必须进行必要审查，而这个审查过程必须能够自动推送到相关的专家面前。知识库中的知识必须能够进行评价，评价包括系统自动评价和不同个体的评价。知识库还要能够进行自动分类，另外还需要系统能够自动对知识文档进行索引、聚类等。知识库里还需要其余系统的知识，需要考虑扩展性，以及与不同平台、不同系统的接口，等等。

知识库结合了数据库技术和人工智能技术，使知识库中的知识不仅具有结构化的形式，而且具有部分非结构化的形式。结构化的知识主。要是那些以文档形式存储的显性知识，而非结构化的知识主要是指存在于图书馆或者专家头脑中的隐性知识。同时，知识库是一个有机体，其生命力在于不断更新，只有当使用者不断从知识库中提取有用知识、删除过期信息，不断存入新内容的时候，知识库才会保持活力。

第三章　图书馆服务管理与创新

第一节　图书馆服务建设理论和思路

一、全民阅读建设理论与思路

开展读书活动，营造良好读者的阅读氛围是公安文化建设的重要内容，是提高人民阅读者基本素质、加强人民阅读者职业道德建设、强化纪律作风的一项举措。基于当前我国阅读者阅读状况，开展这方面的研究可以拓宽阅读推广研究的理论视角，另一方面对促进全民阅读具有现实意义。

（一）理论价值

图书馆阅读推广在于培养人们的阅读习惯，推动人们重视阅读在社会、经济发展中的巨大作用。在党的十八大报告中首次明确提出“开展全民阅读活动”，将其作为扎实推进社会主义文化强国的重要举措之一，全民阅读已深入人心。阅读既是一种个人行为，更是一种社会风气，全民阅读水平是衡量一个国家社会文明程度的重要标志。本节以全民阅读视角下的全民阅读推广活动研究作为研究着力点，具有一定的创新之处。全民阅读活动作为促进建设书香社会、提高国民文化素质的重要举措，得到了社会的广泛认可。政府、教育界、出版界、图书馆及民间阅读组织等成为推动阅读的主要力量。彰显了社会转型时期倡导阅读对文化建设和文化引导的战略意义，对发展教育事业和提高国民素质的重要作用。公安机关和人民阅读者肩负着巩固共产党执政地位、维护国家长治久安、保障人民安居乐业重大政治和社会责任。营造良好的全民阅读氛围可以全面提升公安队伍的思想政治素质、科学文化素质、业务法律素质、身体心理素质，通过研究，找出全民阅读中存在的问题并提出有效的解决措施，有重要的理论创新价值。

（二）实际应用价值

阅读推广包括阅读服务、阅读资源、阅读方法推广等。阅读是一种认知过程，人们通过它探索未来和创造自我。在网络信息时代中有纸质的传统阅读和通过数字媒体的数字阅读，它们相辅相成，是一种相互促进，相互弥补的关系。我国的阅读者大致可以分成四类，即治安阅读者、武装阅读者、监狱阅读者、司法阅读者。目前我国公安干警约200万，在相对比较浮躁的世风下，在繁重的工作之余，究竟还有多少民警在读书？他们在读什么书？关于开展读书活动，他们有什么建议和期待？在研究中，也鲜有资料和数据来分析阅读者对阅读满足度、对书籍渤识的需求。本节的研究既有理论探索也有实践指导，将对全民阅读推广活动提出有效的措施，这是本研究的实际应用价值。

（三）研究现状

1．国外研究

最早的提出阅读推广最早于1970年提出，联合国教科文组织第16届大会将1972年定为“国际图书年”，1982年，联合国教科文组织在伦敦召开世界图书大会，以“走向阅读社会——80年代的目标”为议题，提出世界性阅读推广行动计划。1995年联合国教科文组织第28届大会将4月23日定为“世界读书日”，在2001年11月2日，又发起了“世界图书之都”的评选活动。1997年克林顿总统掀起“美国阅读挑战”运动，英国自1998年9月就打出“打造一个举国皆是读书人的国度”(Build a Nation of Readers)的口号，进行阅读推广。在发展中国家，由于经济发展阶段不同，阅读推广的着重点也不同。很多发展中国家如墨西哥、印度、波兰、蒙古等，由政府和民间各种基金大力支持，积极推广阅读。笔者用“Reading Promotion”为主题词在中国知网“CNK / Scholar”中检索出107条结果，受到CNKI合作的外文数据库限制，检索到国外研究阅读推广的不是很多，但还是可以看出国际上研究阅读推广近5年也是呈逐年上升趋势。

2．国内研究

我国 2006 年中宣部等多个部门联合倡议开展全民阅读活动，延续至今。从

2010年4月起，中宣部、中央文明办、新闻出版总署联合下发《2010年全民阅读活动计划》《关于深入开展2011年全民阅读活动的通知》等相关通知，并且中国新闻出版研究院宣布成立“国民阅读研究与促进中心”。党的十八大将“开展全民阅读活动”作为扎实推进社会主义文化强国的重要举措之一。阅读不仅是提升人的阅读水平、开发智力、汲取精神营养、传承民族文化的重要桥梁，同时也是公民享受教育的权利，是让公民参与社会政治生活，关心弱势群体的重要手段。截至2018年2月19日，笔者用同方数据库以“阅读推广”作为主题词不限制年限查找得到检索结果共986篇，其中2016年392篇，2017—2019年396篇，近5年905篇，呈现逐年上升趋势，图书馆界比较著名的学者如王余光、范并思、徐雁、邱冠华等就阅读和阅读推广研究发表了一系列的文章。由王波负责的国家社科基金项目“图书馆的阅读推广活动调查研究”取得的一系列研究成果，让人能够由远及近、由外及内地丰富和深化关于图书馆阅读推广活动的认识，这说明阅读推广已经得到国内的广泛重视。这些文献研究内容包括理论研究综述、对国外实践成果的介绍与分析、各类型图书馆、各种人群阅读推广相关问题研究等方面的内容。总之，对阅读推广研究已经取得了丰富的成果，为本课题的后续展开奠定了良好的理论基础。

(四）研究目标、研究内容、拟突破的重点和难点

1．项目研究的目标

基于全民阅读的视角，本节以公安干警的阅读推广活动为研究对象，目标是找出改善当前全民阅读推广的策略，特别是如何提升人民阅读者阅读兴趣，如何落实全民阅读推广活动的开展，如何让全民阅读推广活动成为长效机制，强化阅读者思想政治素质、科学文化素质、业务法律素质、身体心理素质等，提升阅读者综合能力与创新能力，推动读者文化建设。研究的具体目标如下：

(1) 如何提升人民阅读者阅读兴趣；

(2) 如何落实全民阅读推广以提升阅读者的职业素养；

(3) 如何让全民阅读推广活动成为长效机制。

2. 课题研究的主要内容

先进的阅读者文化归根到底是通过文化的熏陶，在无形中陶冶和影响阅读者的修养和素质，促进阅读者的全面发展，并且为达到这个目的创建一个适宜的氛围。因此在全民阅读推广活动中结合人民阅读者这一特殊群体的实际情况，在阅读推广内容、策划阅读选题、阅读资源推广及阅读方法上做好正确引导，并借鉴成功的阅读推广的实践经验展开全民阅读推广活动。具体研究内容如下：

(1) 我国全民的现状及存在问题；

(2) 全民阅读文化发展的推动作用；

(3) 地方图书馆与全民阅读推广的合作与协调管理；

(4) 网络时代图书馆阅读推广(传统阅读和数字阅读)对阅读者职业素养的推动作用。

二、数字人文背景下的图书馆阅读服务

中科院初景利教授提到，柯达已经送葬，摩托罗拉、诺基亚、东芝、索尼都在排队等候档期；沃尔玛正在关闭它的多家超市；李宁实体店已经关掉了 1 800 多家；未来 35 年，80%的书店将倒闭等。看到这些数据，一种生存危机感油然而生。

多年来，跟随时代潮流，信息环境、信息技术、出版模式、用户需求、用户行为、社会期望等方面都在相互影响和变化，图书馆也在不断调整和完善自身以寻求发展。

在环境方面，图书馆装修馆舍，装饰鲜花、绿色植物，安装空调，Wi-Fi 覆盖，配给茶饮等服务，为读者营造舒适惬意的读书环境；

借阅服务方面，使用信息化的图书管理系统，提高图书检索速度、借还速度，还开通了网站，方便读者网上续借，一些大型的图书馆还配有 24 小时自助借还设备为读者提供便利，此外，还通过各种途径开展馆际互借服务；

参考咨询服务方面，图书馆员从开始在网页上开设常见问题解答(FAQ)版块，发展到使用微博、微信、QQ 聊天群实时解答等及时有效的应答服务，同时开展科技查新、查收查引、课题服务、文献传递等业务；

资源提供方面，除了传统的纸质图书、音像资料，现代的各种商家的国内外电子图书电子期刊数据库外，许多馆还努力建设自己的特色资源。

读者活动方面，图书馆举办各种电影沙龙、书画展、专家讲座。地区的图书馆在这方面做得很好，活动每个月都有更新，而且还引进一些优秀绘本馆到低幼阅览室开展活动，与幼儿开展互动游戏。

做了那么多。图书馆还可以做些什么来吸引读者才不至于被甩出时代前进的大潮呢？特别是一些小馆，财力不雄厚，人力也不够，装修不好，没有空调、Wi—Fi，图书资料不丰富、数据库资源也不雄厚，如何是好？

成功的要素之一是把精力集中在你知道的、能做的和拥有的东西上。不管小馆大馆，都有的东西不外乎是图书和图书馆工作人员，所以，笔者认为仍然要在图书和图书馆工作人员上做文章。可是我国公民的阅读量不尽人意，有人以为是电子数据时代的必然结果，大势所趋，图书馆无法改变。但是，很多西方国家的电子科技发展比我国发达，人均阅读量却远远超过我国。我国学生一直苦恼学校作业量大，小学到高中刻苦学习无乐趣，但实际上西方国家学生的作业量大和学习的刻苦程度跟我国相比，有过之而无不及，唯一不同的是人家的学生是发自内心的喜欢刻苦。这点非常厉害。我国中小学校也在素质教育上进行了探索，那么作为教辅部门的图书馆，不管面对的读者是市民还是高校学生，是否也可以学习国外教育理念，在引导读者发自内心喜欢阅读、学习方面做一些事情？但凡一个图书馆，哪怕只剩下几本书、一个工作人员，只要用心去做，也是能把这件事做好的。

图书馆向来都是安静读书的地方，能不能也是个好玩的地方呢？图书馆房间多，有条件的馆还有专门的报告厅来举办讲座，做好隔音，隔出一间房间作为读书体验活动专用室，大部分馆都做得到；没有条件的馆，也可以在户外开展这种活动。

读书体验活动与讲座、电影沙龙不同之处在于，读者亲自动手、展示、表演、体验占据活动的大部分时间，甚至是全程贯穿的。意大利幼儿教育学家蒙特梭利早就有这样的理念：你给我讲，我转身即忘了；你做给我看，我大致理解了；你让我自己做，我就能举一反三了。儿童如此，成人也如此。科学研究强调以大量的实验数据作为依据，没有哪个科学发明光靠想没有动手实验便能成功的。不过，图书馆的活动更多的是趣味性和起到引导读者思考并通过实验来探索事物的作用。

第二节　泛在图书馆建设及其困境

随着 E-knowledge、E-science、E-learning 和 E-research 等为代表的 E 时代技术的发展，图书馆传统的贮藏、流通和传播模式受到严峻的挑战。为适应人们对信息需求不受时空限制的需要，近几年有人提出了“泛在图书馆”(Ubiquitous Library)概念，旨在彻底改变图书馆只服务到馆用户的弊端，构建无缝隙的、无时空性的、动态式的以及人本性的图书馆服务模式，真正体现图书馆社会化的服务本质和服务功能。然而在构建泛在图书馆的现实工作中，遇到的现实诘难并不少。因此，厘清泛在图书馆的现实诘难，认清和分析泛在图书馆的特质，寻求泛在图书馆发展的路径，有助于泛在图书馆提升自身服务水准和迅猛发展。

一、泛在图书馆的现实困难

泛在图书馆是全新的图书馆理念。2005 年，德国 Oliver Obst 博士根据图书馆发展的现象与规律，将图书馆分为传统图书馆、数字图书馆、移动图书馆和泛在图书馆，指明了图书馆发展趋势将是不受时间、空间限制的服务模式。但从泛在图书馆概念的提出到现实的实施看，泛在图书馆正遭受着难以解答的现实诘难。

(一) 技术规范诘难

泛在图书馆在信息贮藏、传递、反馈等方面必然只有依赖一整套的技术规范，才能与其他媒介融为一体，担负起泛在服务的功能。例如人们对数字图书馆重要技术标准即元数据(DC)的研究从未间断过，但随着 Web2.0 和 Web3.0 即语义万维网的发展，特别是网络资源的细粒度化、语义化和开放链接的飞速发展，DC 逐步实现机器自动处理。泛在图书馆如想成为社会数字化信息基础设施重要组成部分，达到“机器能处理”和“机器能理解”的完美统一，避免人沦为机器工具的惨境，对图书馆来说，首先要对泛在图书馆的体系架构和标准规范在现实中的诘难有所重视，认真思考和解决技术规范、技术标准等现实问题。

（二）国家导向诘难

泛在图书馆作为知识型社会发展的趋向，发展速度、发展规模、普及程度和整合协调等环节，都是高技术、高集成、高协同的技术信息系统，需要从国家层面的视角进行统筹安排，通盘处理。根据中国互联网络信息中心(CNNIC)发布的《第 29 次中国互联网络发展状况统计报告》显示，“截至 2011 年 12 月底，我国网民数量达到 5.13 亿，互联网普及率较 2011 年年底提升 4 个百分点，达到 38.3%”…。面临数目庞大且与日俱增的网络用户，国家在泛在图书馆方面的发展措施、发展目标、发展定位和发展模式等明显滞后，使泛在图书馆遭遇宏观方面的诘难。

（三）人机互换诘难

泛在图书馆的应用取决于自然高效的人机互换方式，但从数字化图书馆现状看，还是依赖计算机桌面导向范式，烦琐低效的桌面导向范式增加了图书馆用户的认知负担，隔离式的输入方式降低了用户的工作效率，人的听觉作用、视觉作用和触觉作用无法得到肆意发挥，用户在获取信息过程中无形沦为机器的附庸品，久而久之使用户对数字化图书馆产生厌倦心理。多通道互动的缺失、上下通道的隔绝、可视化通道的缺位，在人一机器间形成了难以逾越的鸿沟，难以实现不拘形式、随意访问人类知识的宏伟目标，使泛在图书馆在实际操作中遭遇人机互换诘难。

（四）运行机制诘难

泛在图书馆的建立与运行，必然会牵扯到科技部、教育部、发改委、文化部、科学院、社科院、军队系统以及地方政府等部门，因各个部门之间的工作性质、岗位要求、职责迥异等因素，必将导致泛在图书馆在建立与运行过程中难以达到

“一站式”效果。泛在图书馆的建立与运行的开放式服务中，也会因为知识产权、保密制度等而困难重重。如何协调泛在图书馆建立和运行中存在的部门间、系统间条块分割、各自为政的隔阂，形成“一盘棋”的建立和运行机制，这是泛在图书馆在实际操作中亟待解决的难题；如何处理泛在图书馆的建立和运行中与知识产权法律法规的关系；如何解决多元化传播矛盾等，都是泛在图书馆在建立和运行中所面临的机制诘难。

二、泛在图书馆特征及分析

泛在图书馆是 E 时代的必然产物，它在建立和运行中遭遇诸多传统图书馆不可能遭遇的诘难，是因为泛在图书馆自提出概念到建立运行，都有自身的特征。因此，对加深理解泛在图书馆在建立和运行中遭遇的诘难以及对发展泛在图书馆的路径具有极大的促进作用。综观泛在图书馆研究资料，对泛在图书馆特征研究较有影响力的是美国马里兰大学图书馆馆长 Lowry 和乔治南方大学图书馆馆长 Li，二者关于泛在图书馆特征的观点基本上囊括了泛在图书馆的特征，对人们认识泛在图书馆和促进泛在图书馆的发展均有极大启迪作用。

(一) Lowry 的泛在图书馆特征观

美国斯坦福大学图书馆馆长 Keller 于 1999 年设想未来图书馆时，他说：“我要创立泛在图书馆”，“使得学生们和教授们在任何时间、任何地点能够取得课本或者与课本有关的信息。”他认为，泛在图书馆应该具有以在线方式获取全文本形式的学术信息；以图书馆资讯的形式呈现各种资源；专家图书馆员以网络为媒介全天候进行各种咨询服务；图书馆员角色拓展，将协同教师或科技人员参与教学或科研活动；用户访问对接顺畅；馆际间协作与合作日趋重要。Lowry 在设想泛在图书馆特征时，依然保留印刷形式出版的书刊，图书馆作为人们重要的活动场所的功能不被替换。

Lowry 关于泛在图书馆的特征观，实际视角是源自 E 时代的到来，基于图书馆馆员的岗位对泛在图书馆进行了轮廓式的描述，颠覆了传统图书馆守株待兔的服务方式。实质是传统图书馆定位与馆员角色的延伸，其思考基点还是图书馆和馆员，换言之是服务方式的拓展与更新，用户信息需求的主动性还没有纳入到其对泛在图书馆特征的思索中。

(二) Li 的泛在图书馆特征观

Li 针对日益发展的网络形式，认为泛在图书馆特征是以网络为基础、24 和 7 的服务方式、多格式传递和传播、多语言支持、全球性服务、开放式存取等。与 Lowry 关于泛在图书馆的特征观相比较，Li 的泛在图书馆特征更加符合泛在图书馆的发展趋势。Li 提出的网络为基础的图书馆理念，就是要充分利用因特网与万维网能突破时间与空间的限制进行信息资源的传递和传播，且传递和传播的资源与信息复制性克服了传统图书馆资源与信息限制性的弊端，体现了泛在图书馆的 E 时代功能，开启了以用户为中心的泛在时代图书馆新功能与新服务模式。24 小时、没有星期六和星期天的服务方式，满足了不同类型、不同层次的用户需求，确保图书馆资源的随时获取与查询，将会极大满足人们的知识欲望和充分发挥图书馆资源的利用率。尤其是开放式、全球式、多语言的服务方式，将使图书馆的所有信息和文献不再是“孤岛”，而是成为由整体式相互链接的概念所构成的动态式组织，每一个信息乃至每一个词“都被互相耦合、串接、引用、摘录、排序、分析、注释、混合、重组，并且被融汇到比以往更深的知识空间结构中；每个页面都读懂了其他的页面(包括音频、视频、图像、虚拟现实等不同媒体形态的资源)，每个比特(Bit)都影响着它的伙伴，从而形成一种全新的“傻瓜化”的共享信息环境和知识空间，真正实现泛在图书馆的泛在功能与使命。

(三) 泛在图书馆最鲜明特征

随着电子技术和信息技术的不断发展，泛在图书馆在内容和形式上又呈现出新的特征，尤其是手机、移动电脑的出现，使泛在图书馆越来越承担了移动学习的功能，也催生了泛在图书馆在设计、组建、运行等方面必须要无线接人、确保随时随地满足用户的需要；必须要有特殊格式的信息源和信道，具备贮藏和传递文字、图像、音频、表格等功能，使用户能随时随地满足学习渴望，实现泛在时代的泛在式学习。同时，移动技术突破时间与空间限制的优势，使泛在图书馆的服务无处不在，凭借动态的、无缝的与交换式的信息传播和利用方式，能快捷、高效、无障碍地为用户提供随意性、随时性的信息服务。客户获取信息的终端也呈现泛在性特征，既可以是台式电脑、笔记本电脑、平板电脑，也可以是手机、高清晰电视等，而这需要泛在图书馆的信息源装置必须做到无障碍接入和传输，实现泛在图书馆信息传递的无所不及，这是泛在图书馆发展趋势中最鲜明的特征。

三、泛在图书馆发展的路径

在未来泛在社会时代，开放性思维与先进科学技术产品应用于图书馆的深度和广度会与日俱增，E 科技产品的作用和威力在信息贮藏、传递、复制与更新方面将越来越明显。泛在图书馆发展现状与前景迫切需要人们解决在现实中的困难，切实把泛在图书馆从空想、可想态势转化为可行。笔者根据多年的岗位实践与分析图书馆学界的有关理论成果，认为应采取如下发展路径以．促进泛在图书馆的迅猛发展。

（一）以人为本的路径

图书馆作为公益性机构，以人为本是其核心理念。泛在图书馆树立以人为本的核心理念，要实现设备、信息资源、馆员、用户融为一体的目标；把倾听用户呼声、快捷满足用户的需要、实现用户价值作为泛在图书馆发展的始终主线。泛在图书馆既然是 E 时代产品影响和作用的发展与提升，馆员就要转化贮藏、传递、咨询等传统模式，致力于提升自身科学技术水平，把一切为了用户作为本职本岗的神圣使命，努力探索多元化、快捷化、全天候的资源传递和咨询途径。泛在图书馆要树立以人为本的服务理念，必须要致力于消除图书馆现存与发展过程中的信息鸿沟，构建图书馆和谐的组织秩序；“通过馆员间的知识互补与互动，最大限度地调动馆员的工作积极性等等”。不仅要从外向角度满足用户需要，而且还有向内发挥馆员的积极性主动性创造性，以内向的以人为本推动外向的以人为本，将图书馆建设成一个全球性的公共知识平台，促进人类知识的更新与进步，让人类所创造的知识反哺人类智慧，实现人的全面发展。

（二）国家主导的路径

泛在图书馆作为未来信息型、知识型社会的一种复合型、全面性的数字化信息进出设施重要组成部分，是一个高技术含量、高集成密度、宽涉及领域的信息知识服务网络的服务系统。如此程序繁杂、规模浩大的泛在信息，在组建、运行或发展中必须借助国家强大的物质支持和技术支撑，也必须借助国家高效运转的机制加以保障，才能确保泛在图书馆的迅猛发展。’。泛在图书馆作为日趋公益化的服务型知识贮藏、传播和转换机构，用户的广泛性与差异性决定了泛在图书馆要在统一规划、统一协调、统一整合的基础上，更好地发挥其服务性功能，彰显其公益性的社会效应。基于此，国家要加快制定统一的发展战略，从技术、资金、人员、场馆等维度加大对泛在图书馆的开发、投入、培养和设计，加速信息的纸质载体向数字载体的转变，尽快出台利于科技部、教育部、信息产业部、文化部等整合的法律法规，致力解决目前制约泛在图书馆组建与发展过程中的“条块分割”“各自为政”“独霸一方”的割裂局面，为泛在图书馆的组建与发展奠定统一有序的宏观环境和组合机制。

（三）兼容统一的路径

泛在图书馆的资源贮藏、传递与用户服务等每个环节都依赖相应的标准规范，这样才有利于泛在图书馆的文字信息、图像信息、音频信息等的贮藏、传递以及更好地为用户提供服务。这就要求泛在图书馆在发展的技术规范上必须兼容统一，保证泛在图书馆“无处不在”“无时不在”的泛在功能得以淋漓尽致地发挥。自电子计算机诞生，尤其是泛在图书馆概念提出以来，人们为了能更顺畅无阻地确保信息的贮藏、传递与读取，一直致力于技术规范的兼容研究。例如作为泛在图书馆信息资源管理、传递与阻滞的重要技术标准元数据(DC)，人们对其应用的兼容性问题的研究从未终止过。尤其是随着 web2.0 和 web3.0 即语义万维网的发展，元数据(DC)在网络资源的细粒度化、语义化和更广泛的开放链接有加速发展的趋势，其发挥的作用和功能越来越重要，最终的目的就是把泛在图书馆在组建与发展过程中的“机器能处理”转变为“机器能理解”，即机器随时随地能智能化地按照人的要求满足人的需要。不可否认，泛在图书馆在组建与发展过程中必然还在相当长的时期内遭遇人类继续“为机器所控制”的难题，如何在技术规范上努力实现“语义从哪里来”“功能如何实现”是在万维网上架构新一代技术规范应用所必须思考和解决的问题。“对图书情报行业来说，所有这一切，首先要对泛在图书馆的体系架构和标准规范有一些新的思考”，致力于彻底解决存在的问题，则泛在图书馆就能飞速发展。

（四）开放合作的路径

泛在图书馆最明显的特征就是开放获取，即 Open Access，指文献全文在互联网可以免费获取。任何用户都可以阅读、下载、拷贝、传递、打印、检索、超级链接该文献，并允许为之建立索引，同时在使用该文献时不受财政、法律或技术的限制。OA 作为新兴的网络学术信息资源，泛在图书馆必须要加强对 OA 资源的采集、整理和组织，充分利用网络免费全文资源的关联性，结合自身所拥有的图书资源，实现泛在图书馆的无时空性限制，形成共享平台。此外，从目前情况看，泛在图书馆的组建与发展必须要把馆际. 合作作为突破制约泛在图书馆形成与发展的首要步骤。泛在时代的诞生与发展、泛在知识环境的形成与发展，必须以馆际间合作为契机，根据信息资源的各自差异性，依据不同科研院所、高校、社会团体等的信息资源优势，加强对文献贮藏、传递的管理，对泛在信息资源进行融合性整合，强化馆际间的合作，建立紧密相连的用户终端，消除障碍，才能促进泛在图书馆的良性与飞速发展。

第三节　图书馆服务质量讨论提升

一、图书馆如何为学习型社会服务

党把“开展全民阅读活动”第一次写进党的政治报告，体现了党对全民阅读活动的高度重视。“开展全民阅读活动”作为扎实推进社会主义文化强国的重要举措之一，推进全民学习、终身学习，促进人的全面发展。学习型社会的构建向图书馆提出了一个极富深刻内涵和时代意义的新要求，也为图书馆的未来展示了一个更大的发展空间。图书馆是公民的终身学校，是没有围墙的大学。时代愈进步，社会愈发展，图书馆的功能和作用就愈强。国际图联在《公共图书馆宣言》中强调:“公共图书馆是人们寻求知识的渠道，为个人和社会群体的终身教育、自由决策和文化发展提供了基本条件。”因此，大力加强各级各类各种形式图书馆的建设，发挥图书馆的功能和作用在终身学习型社会中的意义至关重要。

(一) 要充分认识学习型社会的重要意义

1. 学习型社会的含义

什么是学习型社会？通俗地说就是整个国家人人、时时、处处都得学习，学习新知识和新技术，学习生存和发展的本领。学习型社会的本质在于不断学习、终身学习、全员学习、全过程学习、团体学习等。我国创建学习型社会，是经济全球化、科技高新化、信息网络化的必然产物，也是现代人自身发展、自我完善的必然要求。

2. 创建学习型社会的重要性

第一，学习是人类永恒的主题。学习是人的一项基本活动，是人生活中的一项基本内容，是我们认知社会、了解生活、自我发展和自我完善的需要。在人的一生中，不管你做了什么事情，不管你怎样去做，学习总是不可缺少的，它将伴随着人的一生，并影响人一生的发展。只要你愿意学习，善于学习，就会获得进步，获得发展。学习不仅关系到个人的发展，更是人类社会发展与进步的不竭动力。人类社会从落后蒙昧远古时代发展到今天的文明社会，是人类善于学习的结果。在知识经济和社会变革的今天，人们越来越深刻地认识到，学习不仅是个体的行为，更是与整个社会、整个国家、整个民族乃至全人类的生存与发展、文明与进步息息相关的大事情。因此，我们应当创建学习型社会，不断推动人自身素质的提高及人类社会的发展。

第二，创建学习型社会是应对知识经济时代和信息革命化的必然选择。当今社会已经进入知识经济的时代，知识、信息则是被视为极其重要的资源，知识在经济增长中起着主导作用，而人的大脑则是创造价值的主要核心。人类的生产活动的能量的大小，关键是看人的大脑是否被激活。要想人的大脑被激活，那就要求人类不断超越、自主学习、积极创造。创建学习型社会的根本落脚点，就是要提高社会的创新力，通过进一步加大科技创新力度，加快运用先进科技对传统产业进行改造，充分发挥科技在经济增长中的重要推动作用。目前，网络信息技术的快速发展，不仅开辟一个迅速增长的产业，而且在整个经济和社会领域产生了深刻的影响。为适应信息社会发展的要求，我们不仅要进一步加快信息产品制造业发展的步伐，加强信息基础设施建设，积极拓展信息技术的应用领域，更为重要的是还必须培养一支高水平的信息技术人才队伍，在广大市民中普及信息技术应用基础知识。因此，创建学习型社会是适应知识经济快速发展的必然要求，是跟上信息社会发展步伐的迫切需要。

第三，学习型社会是小康社会的主要特征之一。在20世纪末，我国社会主义社会已经进入小康社会，但我们必须看到，我国正处于并将长期处于社会主义初级阶段，现在达到的小康还是低水平的、不全面的、发展不平衡的小康。人民日益增长的物质文化需要同落后的社会生产之间的矛盾仍然是我国社会的主要矛盾，巩固和提高目前达到的小康水平，还需要进行长时期的艰苦奋斗。因此，我们必然抓住发展机遇，加快推进社会主义现代化。在全面建设小康社会的过程中，必须注意的是，我们不能把小康社会和现代化简单地等同于物质和经济，不能把丰富多彩的物质进一步理解为现代化。现代化更深厚、更有力量的特征是人的现代化。如果离开了人的现代化，物质世界的现代化是不可能持久的。一个全面进步的社会应是物质世界的现代化，同时，人们要受到良好的教育，具有较高的科学文化素养和高尚的思想道德品质，在这样的社会里，法制意识才会深入人心，政通人和，人民安居乐业，生态环境才能得到有效的保护。因此，当我们全面建设小康社会，蓄积力量迈向现代化时，这个小康社会必定是一个学习型的社会。

学习型社会将成为全面建成小康水平社会的标志和重要特征之一。

第四，创建学习型社会是实践“三个代表”重要思想的客观要求。建设学习型社会充分体现了“三个代表”的要求。首先，建设学习型社会是推动先进生产力发展的重要载体。生产力中最积极、最活跃、具有决定性因素的是人。在当代，先进生产力主要体现为高效率的生产组织形式和管理模式、高素质的人力资源、高水平的科学技术等。一个社会要具备先进生产力，就必须创建学习型社会，通过全社会的学习和教育提高劳动者的综合素质、劳动技能和创造才能，加大人力资源开发力度，加速培养各类高素质专业人才，增强国家的创新力和持续发展的推动力。因此，它对于推进先进生产力的发展具有特别重要的意义。其次，创建学习型社会是代表先进文化前进方向的集中体现。创建学习型社会主要引导人们确立先进的学习理念，构建面向全社会的终身教育体系，开展全民参与的学习教育活动。加强思想道德建设，确立正确的世界观、人生观、价值观；组织全民通过学习经济法律和科学文化知识，了解中华民族优秀的传统文化和接受人类最新文明成果，提高知识素养、文化品位和生活质量。因此，它充分体现了社会主义精神文明建设和发展先进文化的要求。再次，创建学习型社会是实现人民根本利益的重要途径。实现人的全面发展，是现代化建设的客观要求，体现了人民群众的根本利益。创建学习型社会，通过促进人的全面发展，把服务人民和提高人民素质这两个方面统一起来，为每个社会成员实现自身价值和抱负创造条件，使人的主观能动性和伟大创造精神得到充分发挥。因此，它从根本上最大限度地满足了人民群众的物质文化与精神文明的需求。

(二) 要充分把握图书馆与学习型社会的内在联系

1. 图书馆事业是创建学习型社会的重要组成部分

纵观当今世界，创建学习型社会，已经成为各国应对新世纪知识和经济全球化、信息化的浪潮、抢占国际竞争制高点的主要对策。因此，我国已进入创建学习型社会、加快推进社会主义现代化的新的发展阶段。这是一个使经济更加发展、民主更加健全、科教更加进步、文化更加繁荣、社会更加和谐、人民生活更加殷实的发展阶段，它要求全民族的思想道德素质、科学文化素质和健康素质得到明显提高。同时，世界正在经历着深刻的变化，世界范围内产业结构调整的步伐不断加快，知识创新、科技创新在经济社会发展中的作用. 日益重要，新事物、新知识、新问题、新挑战层出不穷。这一切都决定了我们必须不断地学习和吸收新知识，通过学习来充实和提高自己。图书馆工作就是组织知识、开发智力资源，促进知识交流，推动社会生产力的发展和人的素质的全面提高。因此，大力发展图书馆事业，是创建学习型社会的重要内容。

2. 创建学习型社会必然要求图书馆全面建设和发展

社会主义建设经验告诉我们，要把一切积极因素充分调动起来，使我们社会的每一个人都能发挥自身能力、各尽所能，各得其所。让一切劳动、知识、技术管理和资本的活力竞相迸发，让一切创造社会财富的源泉充分涌流，以造福人民。尊重劳动、尊重知识、尊重人才、尊重创造，这要作为党和国家一项重大方针在全社会认真贯彻。劳动、知识、人才、创造，都离不开学习。我们必须在全社会营造和形成一种崇尚知识、奖励人才的良好社会氛围，使努力学习、锐意创新、积极进取和创造性劳动深入人心。全民学习，终身学习，必须把图书馆建设和发展摆在优先发展的战略地位。

当今社会已进入信息化时代，图书馆由传统的图书文献收藏库转变成现代化的信息中心，这是时代发展的要求。以知识经济、信息化、数字化、网络化的当今社会特征给现代图书馆带来载体多样化、服务网络化、加工数字化、格式标准化的发展前景。瞬息万变的信息时代呼唤图书馆尽快实现现代化，更好地为人们素质的全面提高，为经济发展和社会进步提供知识信息和智力支持。加快推进图书馆的网络化、规模化、现代化进程，为不同年龄、不同职业、不同需求的人们提供多元多层次的学习条件，加快图书馆全面发展迫在眉睫。可以说，图书馆的全面建设和发展不仅是图书馆事业兴衰重要标志，也是创建学习型社会的重要标志之一。全社会都要重视图书馆事业的全面建设和发展，任何忽视图书馆全面建设和发展的观点都是与创建学习型社会背道而驰的。

3. 创建学习型社会与图书馆建设和发展互为条件互相促进

唯物主义辩证法告诉我们："事物的运动、变化、发展，是同事物的普遍联系不可分的。"创建学习型社会与图书馆建设和发展不是孤立、不相关的两个事物，而是互为条件相互促进的两个事物。一方面，图书馆的建设和发展对创建学习型社会具有能动作用；另一方面，创建学习型社会对图书馆建设和发展也具有巨大的驱动力。一个国家能否持续发展，能否增强竞争力，在很大程度上取决于人才的培养和国民科学文化素质的提高，这是经济社会发展长盛不衰的关键所在和持久动力。为此，党和政府对图书馆事业必然越来越重视，扶持力度越来越大，这必将会为图书馆事业的建设和发展提供越来越好的条件，有力地推动图书馆事业的全面发展。

（三）图书馆参与创建学习型社会的具体措施

1. 努力优化图书馆的基本设施

图书馆是创建学习型社会的重要阵地，为此我们要重视图书馆的外部基本设施和内部基本设施的建设。在图书馆的外部基本设施建设方面，各级政府及文化、建设等部门要认真做好图书馆的规划和设计。要充分认识加强图书馆设施建设的重要性，切实做好图书馆设施规划和建设工作，纳入城乡规划和文化设施建设的规划。图书馆设施的规划和建设，要根据各地经济和社会发展状况、人口结构、自然环境、历史沿革和群众需要，因地制宜，优化配置，完善功能。图书馆设施建设选址要方便群众参加活动，充分发挥图书馆的功能。图书馆设施要跟周围环境相协调，在有条件的地方增加图书馆周围的绿化面积，逐步实现馆舍建筑的园林化，努力为广大群众创造一个良好的图书馆活动外部环境。

在设计中要充分考虑图书馆设施的使用功能及美学要求，注意体现地方特色、民族特色与时代精神，使图书馆设施兼具思想和精神内质。在内部基本设施建设方面，应设有普通的书刊阅览室、电子阅览室、语音室、影像室。有多功能报告厅，可以举办各种文艺科普教育活动的展览厅，还有满足各类读者需要的学习室、研究室等。读者可以随意选择不同的方式接受教育，学习知识。馆内服务设施标志醒目规范，服务窗口分布科学合理，停车、存包、复印、电话等辅助服务设施方便适用。馆舍内布置名人图像、名人名言、学习方法、成功格言等，创设优雅的学习环境，对读者起到潜移默化、耳濡目染、暗示和渗透性的作用。在安静舒适的环境中，由于群体心理的影响，个体读者会被图书馆浓郁的学习气氛所感染，更加坚定学习的信念，养成良好的阅读习惯。

2．加强馆际协作，实行资源共享

馆藏建设是图书馆的基础性工作之一，馆藏质量在很大程度上决定了信息服务工作的整体质量。因此，图书馆只有具备丰富的、高质量的图书资源，才能吸引读者到图书馆来，也才有物质条件开展对读者教育活动。文化建设部门可根据自身特点，加大图书经费投入力度，让图书馆有能力及时购买最新最好的图书，同时加强期刊交换，补充图书不足。图书采购人员要及时掌握那些思想健康、知识性强、符合读者口味的优秀书籍的出版信息。采购过程中，既要采购专业图书，又要兼顾非专业图书；既要采购纸制图书，又要采购录音带、光盘等电子出版物。对已入库流通的图书，要及时开展剔旧工作，优化藏书结构，防止馆藏老化，提高馆藏质量。

资源共享是图书馆现代化的体现和发展，图书馆应设计规划如何联系其他图书馆，以学习为中心成为一个紧密学习资源网络。在高速信息化的时代，文献资源越来越多，且载体多样化；需求量愈来愈大，且需求层次越来越高，显然一馆难以胜任，任何一个图书馆也不应成为信息孤岛。图书馆如果孤军作战，故步自封，那么从服务的范围到内容都远远不能满足创建学习型社会的需求，因此，必须经过适当的渠道，将自己的资源供他馆利用，也可以利用网络联系途径，加强馆际协作，互通有无，实行资源共享，加强网络建设，最大限度地为学习型社会的读者提供全面细致的服务，增强服务后劲。

3．开展形式灵活多样的教育活动

在党和国家倡导向学习型社会迈进的今天，有责任不断创新，把社会各界爱学习、不爱学习的男女老少都吸引到图书馆来。举办“情报讲座”“信息讲座”，免费开设“图书馆与个人、社会发展”“图书馆的利用”“文献检索基本知识”专题课，让读者了解图书馆，掌握图书馆，利用图书馆学会学习、自主学习。同时，图书馆还必须注意到，在学习型社会中，教育与职业之间联系的密切程度是十分突出的。图书馆可以邀请各行各业的专家，举办各种专题的知识讲座、专题报告会、座谈会；或者以市场需求为导向，举办各类职业培训班，还可与劳动部门、教育部门、工会合作，建立起一套互为配合补充的职业体系，从而激发人们的创造力和自身潜力，更好地为社会服务。

4. 提高图书馆工作人员素质

作为信息传播和导航者角色的图书馆工作人员素质的高低，直接影响到图书馆教育职能是否正常发挥。特别是在信息技术、网络技术飞速发展的今天，新技术在图书馆领域得到了广泛应用，这不仅改变了传统的工作模式，也更新了工作人员的角色。在信息时代，图书馆应扮演一些新的角色，如信息高速公路上的加油站、信息传播和发散中心、知识导航员等。随着 Intemet 网络及用户的惊人增长，应建立起一个新型的完整的包括用户、信息资源、信息资源联络机制且以用户为中心的虚拟馆藏，繁荣虚拟信息体系。藏书成为网络上的数字化文献，空间变成支撑图书馆的广域网络。也正因为如此，图书馆工作人员应改变其辅导者、旁观者的传统工作模式，开始充当信息传播者和导航者的角色。每个工作人员充分施展他们的才能，在工作站上搜集、整理、分析和及时传播网络信息资源，同时还应知道如何帮助读者过滤、识别最适合最有价值的信息资源，以免读者被信息海洋中的大量无关信息所困扰。面对这样的角色转变，没有广博的专业知识和利用新技术的能力，想担此重任是不可能的。因此图书馆工作人员必须不断完善知识结构，掌握计算机基础知识及各类应用软件的操作知识，能够自如地使用计算机及其辅助设备。同时，图书馆工作人员还要掌握一定的外语知识，以迎接这一新的挑战。

二、图书馆如何促进与读者的交流

长期以来，图书馆比较重视与读者的交流，形成了较为完善的制度。相比之下，图书馆在促进读者之间的交流方面却显得较为薄弱。尽管有的图书馆也成立了“读者之家”或“读书会”等组织，在读者中开展读书交流会，但是内容显得过于单一，不能满足广大读者的学习需要。因此，探讨在新形势下如何以图书馆为基地，通过多种方式和途径，为读者搭建交流的平台，帮助学生读者解决在读书学习中遇到的各种问题，体验读书的快乐，对在读者中倡导终生学习，全面提升学生的全面素质，具有重要意义。

（一）加强读者间交流的积极意义

1．促进信息的交流，满足读者的个性化需求

读者间相互交流的是经过读者加工过的信息或知识，这样可以使读者在短时间内方便快捷地获得自己所需要的信息或知识。在交流过程中，读者还可以向其他读者请教自己所需要解决的问题，使得读者的个性化信息需求得到满足，也可以使图书馆间接地完成对读者的个性化服务。

图书馆还可以通过读者交流活动反馈的信息，了解读者的需要，进一步完善图书馆的馆藏资源。读者在交流信息过程中，话题还会涉及各种书籍资料、相关的作者等，将会在读者中产生新的阅读兴趣和需求，促使读者到图书馆寻找和借阅有关的图书资料，图书馆的馆藏资源将得到更充分的利用。

2．有利于提高读者获取信息和实践的技能

图书馆在新生入学初就开设了关于如何使用图书馆的设备、如何获取信息以及读书技巧的讲座。这些技能和技巧需要读者在读书实践中，不断总结经验，通过相互交流加快他们对这些技能的掌握和提高。例如，许多读者喜欢通过互联网获取信息，如何能够快速地搜寻到自己需要的信息，如何能够识别恶意网站和虚假信息等，都是读者共同面临的问题。

（二）全面提升读者的综合素养

1．提高读者的文化素养

读者都有各自不同的兴趣爱好，他们除了希望能够在图书馆内学习外，还希

望能够提高自身的文化修养，即希望提高自己对文学、艺术等方面的欣赏水平。尽管在高校中有许多学生社团，如书画协会、吉他协会等，但它们所能吸纳的人数是有限的，而且要求成员有一定的专长，社团活动虽然丰富了广大师生的生活，但是更多的是提高社团成员的技能，展示社团成员的才艺，这与读者的愿望要求还是有一定的差距。通过读者间的交流，可以弥补读者自身专业知识的不足，加深对文学、文艺作品的理解，提高自身的欣赏水平。

2. 提高读者的综合表达能力

在各种交流活动中，读者可以平等交流，畅所欲言，在交换各自意见的同时，不断提高读者的思维能力和语言表达能力。

3. 促进学生不断加强自我教育

纠正学术自身不良的行为习惯，端正思想态度。在交流的过程中，读者可以了解到他人对自己言行的看法，发现与他人的差距，看到自身存在的不足，促使学生不断完善自己。

（三）为促进读者交流创造有利条件

(1) 长期以来，在图书馆的日常管理中形成了一系列较为规范和成熟的交流形式，为促进读者间交流提供了很好的平台。如成立“读者会”“读者之家”，设立意见箱等，都是图书馆中运用得比较成熟的与读者交流的方式，也为广大读者所接受。如能给这些传统方式赋予新的内容，将会吸引更多的读者参加，取得良好的效果。

(2) 学生社团成员将能够在交流活动中起积极推动作用。学生社团成员除了具有一定的专长外，他们在参加和组织各种课外活动中也积累了经验，这将使他们有能力协助图书馆组织策划各种交流活动。高校对学生社团有严格规范的管理制度，学生社团成员都有较强的组织纪律观念，能够很好地服从图书馆工作人员的管理。

(3) 本校各学科的研究人员能够对各种交流活动给予学术上和技术上的支

持。在高校，教师除了承担教学工作以外，还要完成一定的科研任务。他们在取得研究成果的同时，还了解到相关研究领域的发展状况及科研新成果对社会产生的影响，对学术界的领军人物或权威人士也都有一定的了解。他们能够给本校的读者开设讲座，还可以协助图书馆策划相关的讲座，比如选定讲座的专题，推荐主讲人等。

(4) 图书馆自身的建设为开展各种交流活动提供了物质条件和空间场所。图书馆都在不断加强自身的建设，除了传统的图书阅览室之外，还增加了影视厅、报告厅、展览厅等多种功能活动室，为读者开展各种交流活动提供了必要的场所和必需的设备。另外，在网络化的社会背景下，各高校建设了自己的校园网，通过 BBS(电子公告板系统)等方式，拓宽了读者间的交流空间，活动形式更为丰富。

(四) 提高服务质量和水平，积极促进读者交流

在积极为读者创建活跃的思想氛围的同时，如何才能保证在读者中开展的各种交流活动有序健康地发展呢？笔者认为，应把读者交流的各项管理工作纳入图书馆的日常工作，实现图书馆的教育职能，提高图书馆的服务水平。

公告系统做好各种活动的预告工作，向读者介绍主讲人或者主持人的事迹、研究领域及取得的成果等。如能结合本校图书馆的馆藏资源，向读者推荐相关的图书资料目录，则不但能够使读者进行必要的知识准备，而且还能够促进图书馆馆藏资源的充分利用。

(五) 借鉴原有的工作制度，提高图书馆的服务功能

义务馆员制度目前在各图书馆广泛运用，除了能够增加学生的实践动手的机会，增强他们的工作责任感外，还能够帮助图书馆的工作人员完成部分工作。根据开展交流活动的需要，增加招募有技术专长或文艺特长的学生读者，作为义务馆员或志愿者协助图书馆策划、组织各种交流活动。

(六) 积极使用新技术，充分利用各种信息资源

互联网络由于能够方便快捷地向读者提供信息，已经成为人们获取信息、进行

信息交流的重要途径。各高校的校园网使图书馆能够向读者提供更为快捷的服务。

(1) 除了可以把“新书推介”的内容放在图书馆的网页上，还可以对借出的图书进行排行或公布一些大型图书市场提供的图书销售排行榜，让读者了解新书信息。

(2) 利用BBS开设论坛，把各种交流会和讲座相关的新闻和内容放到论坛上，这不但可以增加各种活动的透明度、扩大读者参与的程度，还能够解决一些现场尚未解决的问题。

(3) 目前许多高校聘请了客座教授或校外辅导员，他们也能为学生读书学习提供帮助。如果在图书馆的网页设立相应的链接或通过设立“专家信箱”等方式，为学生提供与他们交流的虚拟空间，则可以帮助学生解决读书和学习中遇到的问题。

三、电子移动图书馆如何为泛在图书馆服务

回顾这些年图书馆的发展，出现了数字图书馆(Digital Library)、虚拟图书馆(Virtual Library)、全球图书馆(Globe Library)、多媒体图书馆(Multimedia Library)、无墙图书馆等等提法。20世纪末又有学者提出了泛在图书馆(Ubiquitous Library)。以计算机、通讯、多媒体技术完美结合的网络给图书馆服务模式带来的将是脱胎换骨的改变。随着网络化社会的发展，新的图书馆服务理念应运而生。

(一) “泛在"概念的历史渊源

最先提出“泛在”概念的是日本东京大学坂村健教授和施乐公司首席科学家马克·威瑟。Ubiquitous(无所不在)源自拉丁语，意为普遍存在、无所不在(existing everywhere)。1991年，马克·威瑟在《21世纪的计算》一文中提出了“泛在计算(Ubiquitous Computing)”的思想，强调把计算机嵌入环境或日常生活常用工具中去，智能设备将遍布于周边环境，无所不在。

2008年底，IBM公司率先在全球范围内首次提出“智慧地球(Smart Planet)”概念。随即得到美国政府认可，将其作为继“信息高速公路”之后又一新的国家

信息化战略举措。2009 年，我国政府提出“感知中国”战略，提出我国“泛在信息社会”国家战略。泛在网络作为服务社会公众的信息化基础设施，强调面向行业的基础应用，更好地为社会信息化服务。

泛在网络包含现有的电信网、互联网以及各种专网，接入技术涵盖移动接入技术、固定宽带接入技术及包括传感器网络和 RFID 在内的近距离通信技术等。泛在网络具有超强的环境感知能力和智能性，能够为个人和社会提供多方面的信息服务和应用。泛在网络中，人以及各种各样的设备和终端都可以通过网络连接，世界所有信息都能够在全球网络共享。

(二) 泛在图书馆

泛在图书馆的概念最早是在 20 世纪末提出的。美国斯坦福大学图书馆馆长 Keller 在论述未来图书馆时指出：要“创立泛在图书馆，使读者在任何时间、任何地点都能够获取课本或者与课本有关的信息”。2003 年马里兰大学图书馆馆长进一步完善了泛在图书馆的内容，并且提出了泛在图书馆的一些主要特征，强调“泛在图书馆”是一个比虚拟图书馆、电子图书馆和数字图书馆更加准确描述未来图书馆的一种表述方式，读者可以随时随地使用任何网络通信设备获取想要的任何信息。使用第三代移动设备，发展泛在图书馆成为全新的图书馆理念，国外也有人称之为渗透性图书馆(Pervasive Library)或弥散式图书馆(Diffuse Library)。国际上比较知名的搜索引擎公司如谷歌、百度都推出了自己的网上图书馆。知名公司网上图书馆的推出进一步加快了“泛在图书馆”的发展，图书馆服务的泛在化是大势所趋。

泛在图书馆是一个高技术含量、涉及技术领域广泛的知识服务网络系统，其建设与发展需要全社会的共同参与。关于“泛在图书馆”的特征，2006 年，美国佐治亚州立南方大学的教授提出泛在图书馆的六个特点：一是全天候。图书馆利用信息技术、通信技术以及自动化技术，为用户提供不间断的服务，用户可以随时随地获取自己想要的信息。二是网络化。泛在图书馆是以网络技术和通信技术为基础的一种服务方式。三是多格式信息。泛在图书馆通过网络无障碍向用户提供各种格式的信息。四是开放性。图书馆为全世界用户提供开放的信息资源供用户获取，任何人都可以不受时间地点限制而平等地使用图书馆的免费资源。五是多语种。泛在图书馆为所有用户提供不同语种的信息资源，打破信息语言的壁垒，使更多的用户能够获得自己想要的资源，使不同文化背景用户自由平等地享有获得信息服务的权利。六是全球化。所有用户可以是信息服务的提供者，同时也是信息服务的享有者，所有用户都无偿享受免费信息资源。

(三) 图书馆泛在服务模式

泛在服务模式(Ubiquitous Service Model)是最近几年提出的一种全新的服务模式和服务理念。其意义在于突破现有物理图书馆与数字图书馆的藩篱，打破人们对图书馆的传统认识，真正从用户需求及其行为变化的角度出发，将图书馆实体和虚拟的服务嵌入用户科研与学习过程之中，倡导“用户在哪里，服务就在哪里”，拉近与用户的距离，创造图书馆服务与用户空间、时间有机融合的一种新的平衡状态，为用户提供一种无处不在的服务。相对传统图书馆服务模式来说，泛在服务模式的服务对象和服务范围，强调在知识产权合法条件下，打破馆内读者和馆外读者的藩篱，对所有服务对象一视同仁，将服务延伸到更多的用户中，特别是网络用户，最大限度地扩展服务范围；服务内容和服务功能强调从单纯的文献提供向满足用户多需求方向转变，组织包括文献在内的各种资源，构建包括图书馆、文献管理软件、情报分析工具等在内的各种信息环境为用户提供服务。

四、移动图书馆使泛在服务从概念逐步走向现实

高校图书馆是为教学和科研服务的学术性机构，服务的对象主要是本校学生和教师，主要任务是根据学校的性质和任务收集各种信息资料进行科学的加工和管理，为学校的教学和科研工作提供文献情报保障。信息技术从根本上改变了信息生产、传递和存取的方式和手段，而互联网举着开放和免费的大旗，彻底改变了人类基于纸本资源的信息环境和信息获取模式。传统的图书馆已经不能满足高校大学生读者的需求，高校图书馆在不断丰富自身馆藏信息资源的同时，也应该

利用互联网上开放的信息资源来开展信息服务。如何让读者在任何时间任何地点利用图书馆，让图书馆服务无时无刻不在为读者服务，这个问题摆在了图书馆人面前。一些公司介入和参与泛在图书馆建设，加快了高校图书馆服务泛在化的速度，是图书馆发展的一个巨大机遇。

超星电子移动图书馆的推出给高校图书馆泛在服务带来了希望，让“读者在哪里，服务就延伸到哪里”早日成为现实。超星公司提出的移动图书馆是图书馆泛在服务的一个举措，通过手持终端即可实现。众所周知，手机市场的发展非常快，手机用户数量直线上升。2012 年 3 月，工业和信息化部发布的通信业运行报告显示，全国移动电话用户达到 100692.3 万户。3G 进入规模化发展阶段，3G 的实现，使文字信息传递不再是简单的短信文本，而是丰富的图文、声画并茂的文档。以苹果公司 Ipad 为代表的移动终端开始广泛应用，为基于移动终端设备的移动图书馆应用奠定了良好的技术基础。移动终端设备已可以浏览丰富的图文声画、Word、Excel、PowerPoint、PDF 等各种文档并应用于多种移动设备，为实现移动图书馆提供了基础。所以移动图书馆不仅是可行，而且是势在必行。移动图书馆的出现使读者无论在任何地点都可以实现快速查询的功能，它具有 PC 机客户端的大部分功能，比如查询资源、阅读全文、修改账户密码等，同时还拥有独有的提示书籍阅读期限到期等提醒功能。只要建设好一个移动图书馆平台，就能使读者通过手机和其他移动终端获取到图书馆资源。

但是，绝大多数图书馆存在数据库资源访问问题，并且手机的使用界面和计算机的使用界面完全不同，而目前数据库厂商提供的界面都只适合在计算机上使用，各个数据库商提供的界面风格各不相同，几乎都不适合在手机上使用，这两个问题制约了移动图书馆的使用。而超星移动图书馆平台能将各个数据库不同的界面，在尊重它们的数据加密措施基础上，转换为适合手机和移动终端使用的统一界面呈现给用户。

超星移动图书馆实现这一功能的原理是，一定范围内设置一台代理服务器，在这台代理服务器上安装一套完整的超星移动图书馆平台软件，通过平台就可实现四大功能：用户身份的认证、Proxy 代理功能、页面转换功能以及资源探测分析功能。在全文资源获取方面，超星移动图书馆通过代理服务器的方式实现了用户通过手机等移动终端访问、获取到所有图书馆已经购买的资源全文。同时，通过图书馆购买的百链具有文献传递功能，用户能够通过超星移动图书馆检索到全国 700 多家图书馆的全文资源。在这些资源中，本馆没有的可以通过文献传递的方式获得。读者只需要通过手机发送一条文献传递的请求，填写自己的电子邮箱，申请的全文资源就会被发送到用户的电子邮箱当中。

第四章　图书馆职能管理与建设

第一节　图书馆职能概述

一、图书馆基本职能

根据《汉语大词典》的定义，职能是指“人和事物以及机构所能发挥的作用与功能”。作用是指“产生的影响、效果”。功能是指“效能、功效”。可见，职能和作用、功能等词的含义基本相同。然而，具体到一些事物或机构的职能，适当区分基本职能和社会职能则非常必要，也很有意义。例如，在发达的商品经济中，货币具有五种职能：价值尺度、流通手段、贮藏手段、支付手段和世界货币。其中价值尺度和流通手段是基本职能。又如学校“化民成俗，其必由学”，指教育感化人民，形成良好的习俗，一定要从办学人手，意思是学校具有不可低估的社会职能。此外，学校还有一些基本职能。因此，基本职能和社会职能有着密切的联系，但也有着较为明显的区别。

要明确图书馆职能，首先应该明确其性质。吴慰慈先生认为：“图书馆职能是由其性质决定的，有什么样的性质就有什么样的职能”。黄宗忠先生认为：“图书馆的性质有本质属性和社会属性的区别。本质属性是指某类事物必然具有的并与其他各类事物区别开来的属性。图书馆的本质属性应该是图书馆这类事物所特有的，能将它与其他事物区别开来的属性。社会存在的各个部分都有一定的社会性，例如：服务行业都有服务性，学校都有教育性，科研机构都有学术性。由此可见，图书馆的社会性、服务性、教育性和学术性都不是图书馆的本质属性。图书馆的本质属性应该是藏用性，即对图书文献的收藏与利用，或称之为知识信息的集聚与传递，这是图书馆独有的属性，也是所有图书馆都应当具有的属性，否则就不能称其为图书馆。此外，图书馆是一个多功能机构，它不仅有本质属性，还有非本质属性和一般属性。在整个社会系统中，它是社会的一个组成部分。作为社会的一个部分，必然会具有某些社会的属性，如学术性、教育性、服务性等，这些属性都是社会属性的反映。”图书馆的本质属性和社会属性的区别决定了其基本职能和社会职能也是不完全相同的。

不同历史时期、不同国家以及不同类型的图书馆之间，图书馆职能的侧重点有所不同。但是在诸多职能中，有些职能是每个图书馆都共有的，也是古今中外各类型图书馆都应该具有的。它们贯穿图书馆的整个发展过程，不随图书馆技术方法和服务手段等方面的改变而改变，不随社会的发展而变化，这些就是图书馆的基本职能或自然职能。

黄宗忠先生认为:“图书馆的基本职能就是收集、整理文献信息并提供使用(这一过程也称作传递文献信息)，这是由图书馆的本质属性决定的。任何图书馆都必须具有这三项基本职能才能独立存在，才能称其为图书馆。”

二、图书馆社会职能

图书馆的社会职能是在图书馆基本职能基础上发展起来的，由其社会属性所决定的职能。吴慰慈先生将其归纳为“社会文献流整序的职能，传递文献信息的职能，开发智力资源、进行社会教育的职能，搜集和保存人类文化遗产的职能以及满足社会成员文化欣赏娱乐消遣的职能”。显然，图书馆的社会职能与基本职能是不同的。社会职能是针对图书馆所承担的社会作用而言的。例如，就“社会文献流整序”这一社会职能而言，它是针对社会文献生产的连续性和无序状态所发挥的特殊功能。图书馆发挥这一社会职能的前提是完成好图书馆信息组织的基本职能，即那些需要不同类型图书馆共同努力才可能实现的职能部门。所以说，图书馆社会职能具有社会整体性的特点。

图书馆的社会职能与基本职能的区别也不是绝对的，二者有着紧密的联系。前者源于后者，以后者为基础，是后者在一定社会形态下的表现形式。图书馆的基本职能是不变的，不受时间和空间的影响，无论是中国古代的藏书楼还是当代西方的“Lib 州”。然而，社会职能一定是受社会影响的，是社会赋予它、要求它的。图书馆的产生与发展是社会的需要，它随着社会的发展而不断变化扩大。1975年，国际图联在法国里昂召开了图书馆职能的科学讨论会。会议总结中指出，现代图书馆的社会职能有四种：保存人类文化遗产、开展社会教育、传递科学情报和开发智力资源。这个结论基本反映了现代图书馆的实际情况和现代社会对图书馆的实际要求，但不同社会制度的国家对图书馆这四项社会职能赋予了不同的思想内容、政策和目标，并且不同类型的图书馆对这四个职能的侧重点各不相同。

三、图书馆职能研究意义

作为我国最为重要的公共文化服务机构之一，一直以来国家图书馆不断调整着其社会职能，使其职能定位指导下的业务工作能够适应不断变化的社会环境、信息技术环境和用户需求。随着新业态环境的生成和发展，基于新环境和新需求的定位必然相应地有所转变和更新，对其进行系统深入的研究，具有重要的理论意义和现实意义。

（一）理论意义

任何机构或组织的行为、职责的发挥都是在其职能的指导下开展的，职能定位的科学与否直接影响社会价值的实现效果。理论指导实践，又扎根于实践，对于机构或组织而言，对其职能定位的研究具有重要意义。从理论上看，图书馆的基本职能与社会职能有着显著的区别与紧密的联系。从二者区别的视角，在总结国内外研究成果的基础上，对国家图书馆社会职能定位进行科学研究，有利于丰富图书馆职能的理论。图书馆社会职能定位研究是在用户为中心的服务理念要求下，将视觉更多地投向用户在新业态环境下的全新需求基础上的研究，体现其社会职责，指导其社会实践。近些年来，随着互联网和现代信息技术的成熟和迅猛发展以及在图书馆行业的广泛应用，信息资源组织方式、图书馆工作方式、服务对象和用户服务形式日新月异，逐渐催生了新兴图书馆业态。业态的变化是整个图书馆行业生命力的体现，既可以借此趋利避害、摆脱被信息社会边缘化的危险，也可以因此与时俱进，在我国公共数字文化服务体系建设中占据优势地位。在这样的背景下，对图书馆所处的新业态环境进行深入分析，实证研究我国国家图书馆社会职能定位，准确把握其社会职能的变化，尤其是深入系统地研究和把握具有诸多独特功能的国家图书馆的社会职能定位的转变问题，对于我们从业者认清肩负的使命和承担的职责，对于国家图书馆在业界的指导作用具有重要的理论意义。这有助于进一步促进我国图书馆学基础理论的发展，也将对我国图书馆实践产生一定指导作用。

（二）现实意义

1．有助于更好地实现国家图书馆的社会价值

图书馆是人类社会活动的产物。图书馆文献、读者、图书馆事业和工作都具有社会性。图书馆社会责任的赋予，体现了整个社会对图书馆的作用和影响，而图书馆社会职能的发挥则实现了图书馆应有的社会价值。图书馆一方面受外界需求的作用承担了应有的社会责任，另一方面也在通过自身社会职能的发挥履行着社会责任，由此体现出自身存在的必要性和社会价值。图书馆在经济、社会、文化和信息技术等各方面因素影响下，必然导致其社会职能的变化，科学的社会职能定位是实现社会价值最大化的前提条件。

2．有助于国家图书馆内部机构设置更加科学合理

现代社会组织有一个最为显著的主要特征：制度化的组织结构。为便于不同职位的权力结构体系通过协调各个职能部门或个人的活动，顺利开展组织活动、达到组织目标，社会组织通常具有制度化的职位分层与部门分结构。职位和部门是构成组织结构的基本元素或单元。部门通常表现为以组织目标为导向、以组织规范为前提、以组织内部分工为依据的一种组织机构，组织内部由若干相关的职位联结形成的稳固组合。任何社会组织的存在都不是一成不变的，而是随着社会环境的变化发生相应的变化。同时，根据变化了的环境对其社会职能进行科学合理的定位具有重要的意义。然而，社会组织的社会职能与内部机构设置之间是一个辩证的关系，即社会职能定位是否科学合理决定了社会组织内部机构设置是否符合新的环境的要求，而内部机构的设置也会反过来影响社会组织社会职能的发

挥。因此，根据新的业态环境变化对国家图书馆社会职能进行科学合理的定位，有助于建立一套定位科学、分工合理、权责明确、运转顺畅的组织结构。

3．有助于国家图书馆更好地为文化强国建设服务

“对于一个国家、一个民族而言，如果没有文化的大发展大繁荣，没有人民精神世界的极大丰富，没有全民族精神力量的充分发挥，就不可能屹立于世界民族之林。党的十七届六中全会通过的《关于深化文化体制改革、推动社会主义文化大发展大繁荣若干重大问题的决定》中，将文化提升到国家战略上来，鲜明地提出‘文化强国’的任务和目标。党的十八大报告中明确指出：扎实推进社会主义文化强国建设。文化强国，是历史的昭示、时代的脉搏和人民的期待，也是今日中国奋力崛起的美好展望。中国要在国际舞台的竞争中赢得主动权和制高点，不仅取决于经济实力的积累，更取决于能否跨越文化领域的挑战。”在我国向着社会主义文化强国迈进的进程中，图书馆必将扮演更加重要的角色，承担更加重要的职责．发挥更加重要的作用。处于我国图书馆界整个行业龙头的国家图书馆面对新的业态环境。只有准确定位自身社会职能，才可能在文化强国背景下更好地履行自身的使命和职责，不断满足各类用户对知识信息需求的新增长，更好地回应人民群众对公共文化服务的新期待，更好地为文化强国建设做出新贡献。

4．有助于国家图书馆在新业态环境下更好地谋划未来发展

从“十一五”末到“十二五”这段时间里，国家对公共文化服务体系的投入在不断加大，图书馆事业正在进入一个全新的繁荣发展时期。然而，商业数据库和商业数字图书馆此时也正在向图书馆不断渗透，搜索引擎正在向图书馆发起资源争夺战，图书馆被边缘化的危险前所未有。逆水行舟，不进则退，新型业态的催生和发展刻不容缓。国家图书馆只有认真分析现状，找准定位，立足现在，着眼长远，在新型业态生成和发展过程中，抓住新兴图书馆业态变革的发展机遇，制定科学合理的发展规划，通过实现科技创新、服务创新和知识创新等进而增强自身实力，才能带动全国图书馆界共同应对面临的机遇和挑战，在新业态环境下更好地谋划事业发展，并为整个行业未来的跨越发展打下坚实的基础。

第二节　图书馆社会职能定位与建设

一、图书馆的社会职能定位

（一）文化传承对国家图书馆社会职能的要求

文化是一个民族的精神和灵魂，是国家发展和民族振兴的强大力量，建设中华民族共有精神家园，增强民族凝聚力和创造力。

党的十七届六中全会提出要建设优秀传统文化传承体系，报告指出："优秀传统文化凝聚着中华民族自强不息的精神追求和历久弥新的精神财富，是发展社会主义先进文化的深厚基础，是建设中华民族共有精神家园的重要支撑。"党的十八大报告同样指出："文化是民族的血脉，是人民的精神家园。全面建成小康社会，实现中华民族伟大复兴，必须推动社会主义文化大发展大繁荣……建设优秀传统文化传承体系，弘扬中华优秀传统文化。"由此可见，在我国经济飞速发展、民族复兴日益清晰的大背景下，文化建设越来越成为实现可持续发展、提高民族凝聚力、实现中华民族伟大复兴的重要支撑。

文化是指人类思想的成果与体现，是一个国家、民族重要的精神支柱。文化的力量，深深熔铸在民族的生命力、创造力和凝聚力之中。作为文化传统的集散地，图书馆拥有丰富的馆藏资源，是民族文化的宝库，承担着传承文化的首要职责。英国著名哲学家卡尔·波普尔说过："假如世界毁灭了，图书馆还在，很容易重建世界，如果图书馆也没有了，我们就会变成原始人。"以"传承文明、服务社会"为宗旨的国家图书馆，在搜集和保存中国文献典籍和世界文化遗产、保护和弘扬中华民族文化等各方面，承担着应有的历史重任，发挥着重要社会职能。在数字化时代的大背景下，要做好文化传承，对国家图书馆提出了更高要求。

首先，要加快国家文献资源保障体系建设。在全球信息化以及多元化发展的大背景下国家及至世界范围内的馆际资源互建共享成为趋势。作为国家总书库，国家图书馆在国家文献资源保障体系建设与民族文化的传承中应占有绝对的主体地位，要在积极做好文献资源的门户与知识导航、大力发展文献提供的基础上，加强对传统文化载体、古籍文献以及当代文献的搜集、整理、传播等。

其次，要推进现代化服务与文化传承。数字化时代，国家图书馆作为保存文化、传承文明的基本属性是不会改变的，改变的只是保存文化、传承文明的手段和方式。如何依托现代化的服务手段与技术，以国家数字图书馆建设为契机，通过珍贵馆藏特色资源数字化、数字图书馆推广工程建设等方式，形成传统馆藏与数字馆藏、实体馆藏和虚拟馆藏有效组织、共同发展、互为补充的国家文献资源总库，使国家图书馆更好地服务于传承文明的历史使命。

（二）公共文化服务体系建设对国家图书馆社会职能的要求

改革开放以来，我国在公共服务体系建设上一直给予高度重视，党的十六届二中全会明确提出，要完善政府的社会管理和公共服务职能，为全面建设小康社会提供强有力的体制保障。十六届五中全会通过的《中共中央关于制定国民经济和社会发展第十一个五年规划的建议》，明确提出“加大政府对文化事业的投入，逐步形成覆盖全社会的比较完善的公共文化服务体系”，这也是中央文件第一次提出“公共文化服务体系”的概念。党的十七大报告提出小康社会要实现的目标之一即为“覆盖全社会的公共文化服务体系基本建立”。十七届六中全会继续提出，在“覆盖全社会的公共文化服务体系基本建立”的基础上，“努力实现基本公共文化服务均等化”。党的十八大报告中提出，要“完善公共文化服务体系，提高服务效能”。从提出“公共文化服务体系”，到“公共文化服务体系基本建立”，再到“实现基本公共服务均等化”和“提高服务效能”，可以看出不同阶段我国公共文化服务体系建设的不同目标及科学规划。

公共文化服务体系是以满足公民的基本文化需求为目的，由公共部门向公民提供公共文化产品与服务的制度和系统。完善的公共文化服务体系包括服务主体、设施、平台、产品、信息、机制等。图书馆作为公共文化服务实施的主体之一，其一项重要的职责即是为大众创造公平、自由地获取知识和信息以及参与文化活动的条件。国家图书馆在国家文献资源保障体系的建设、文献提供服务、资源共享共建、图书馆信息技术研究与应用等方面，更有义不容辞的责任与担当。

根据我国对国家图书馆的职能定位以及公共文化服务体系建设对国家图书馆的基础性要求，笔者认为，国家图书馆在建设公共文化服务体系中主要面临以下几个重要问题。

一要体现公平性。公平性，十七届六中全会提出的“努力实现基本公共文化服务均等化”。就国家图书馆而言，就是在提供服务时要彻底贯彻无差别、无歧视的服务原则，在工作中要充分照顾到弱势群体的阅读与知识索取权利，不能厚此薄彼。

二要落实公益性。公益性是公共文化服务体系建设的基本特性。强调大众在接受服务时的无偿性、均等性，对国家图书馆而言，就是既要在照顾彼此利益的基础上最大程度实现服务的免费，又要关注免费之后的服务质量和服务效益问题。

三要注重基础性。基础性即指国家图书馆作为公益性单位，要界定好基础性服务与收费性服务的范围，严格按照国家有关公共文化服务体系建设的相关规定制定出科学合理的服务规范及服务细则。

（三）社会主义核心价值传播对国家图书馆社会职能的要求

2006 年，党的十六届六中全会首次提出要建设社会主义核心价值体系，并明确社会主义核心价值体系包括马克思主义指导思想、中国特色社会主义共同理想、以爱国主义为核心的民族精神和以改革创新为核心的时代精神、以“八荣八耻”为主要内容的社会主义荣辱观。四方面内容。党的十七大报告首次将“建设社会主义核心价值体系”纳入其中，指出：“社会主义核心价值体系是社会主义意识形态的本质体现……切实把社会主义核心价值体系融入国民教育和精神文明建设全过程，转化为人民自觉追求。积极探索社会主义核心价值体系引领社会思潮的有效途径”。党的十七届六中全会在《中共中央关于深化文化体制改革、推动社会主义文化大发展大繁荣若干重大问题的决定》中提出：“社会主义核心价值体系是兴国之魂，是社会主义先进文化的精髓，决定着中国特色社会主义发展方向。”党的十八大报告对社会主义核心价值体系建设提出了新部署新要求，强调“要深入开展社会主义核心价值体系学习教育，用社会主义核心价值体系引领社会思潮、凝聚社会共识”，“倡导富强、民主、文明、和谐，倡导自由、平等、公正、法治，倡导爱国、敬业、诚信、友善，积极培育社会主义核心价值观”。

回顾近五百多年的历史，每一个大国的崛起，都与精神有关，如葡萄牙、西班牙、荷兰、英国、法国、德国、日本、美国。大国的兴衰，绝不仅仅建立于物质之上，一定还要有精神的支撑，核心价值观即是这种精神的重要体现。哈佛大学教授亨廷顿在《文明的冲突与世界秩序的重建》中提到：“一个不属于任何文明的、缺少一个文化核心的国家，……不可能作为一个具有内聚力的社会而长期存在。”可以说，核心价值观是一个国家软实力的重要象征，是所有价值观中最基础、最核心的部分，对社会意识和社会思潮具有强大的引领和整合功能。

构建社会主义核心价值体系，就必须充分发挥文化的作用和力量。图书馆作为公共文化服务体系的重要组成部分，本身拥有恢宏的文献资源，承担着保障公民基本文化权益、满足各阶层公民文化需求的义务和责任。此外，在其自身存在和发展的过程中，也形成了独特的包括思想道德修养、知识素养、价值观念、审美艺术等在内的人文环境和精神氛围，这使得图书馆在公众价值观和社会思潮的引领方面具有得天独厚的优势。国家图书馆应充分发挥自身信息资源优势、专业人才优势等，在建设社会主义文化强国的进程中，既要承担起保障人民基本文化权益、公民平等知识索取等社会责任，也要紧扣社会主义核心价值体系建设，自觉服务于文化强国战略的实践。要处理好资源开放与超前引导性的关系。作为重要的“信息集散地”和“信息中心”，国家图书馆要为公众提供知识和信息，是公众的“第二起居室”，是公民终身受教育的课堂，要服务好残疾人、未成年人、农民工等特殊人群。这就要求国家图书馆在建设与服务上始终秉持一种开放的心态，要积极借助网络技术、数字化技术等手段，不断拓宽服务范围，及时更新服务内容，持续改进服务手段。与此同时，作为信息荟萃的知识殿堂，国家图书馆是不同文化、不同价值观的碰撞地。这就要求国家图书馆在包罗各种文化思潮的同时，又要不断地对外部文化进行分析、选择、吸收，择其善者而扬之，择其不善者而抑之。要尤其善于运用手机、社交网络等新兴载体传播社会主义核心价值体系，善意引导读者学善、向善，使公众在潜移默化中认知认同社会主义核心价值体系；还要处理好全民教育与个性化需求的关系。

二、图书馆社会职能定位的建设策略

（一）国家记忆文献资源中心定位

国家图书馆应依据自身的资源基础、文献信息采集制度，通过技术创新，逐步形成特色．继续建设文献品牌，拓展至数字空间，建设成为国家文献信息资源中心。对国家政治、经济、文化等领域取得的重大成就，发生的重大事件，具有历史意义的重大事项等留下的历史文献进行系统收集，特别是对那些原生性信息，即时网络信息，有失传风险的文献进行系统、及时、安全收集，长期保存。

1．定位价值分析

中华文明具有五千年悠久历史，是人类文明史上最古老、最灿烂的文明之一。文字的发明和大量典籍文献的产生与流传，是中华文明一脉相承、绵延数千载而未曾断绝的重要因素。中华民族优秀的思想文化传统、中华儿女的奋斗历程、中国历史上的重大事件、祖先伟大的发明创造，不但值得铭记和保护，也是构成中国社会主义文化核心价值观的要素和开拓创新的起点。这些历史记忆如果不加以妥善保存就会造成国家历史的断层。保存这些资料证据，成为国家图书馆重要的社会责任。

国家记忆体现为多种载体。对图书馆而言，发现、保存的记忆主要以文献载体形式出现。“记忆”的本质是信息，包含经历、经验、知识、情感、智慧等。对于国家、地区或民族而言，“记忆”是承载本国、本地区、本民族的历史知识、文化传统和文明智慧，对保持民族认知与文化认同有重要作用的信息。“记忆”外化为文字和实物作品的内容。书籍、手稿、音像、数字资源等任何载体形式都是记忆的表现。国家记忆资源可全面记录中华文化传统、代表性人物和重大事件，是进行文化思考、探索历史发展、参与文化建设重要的历史依据。

美国图书馆学家巴特勒(Butler)提出“图书馆是将人类记忆的东西移植于现在

人们的意识之中的一个社会装置”。按照他的观点，就内容而言，图书馆系社会记忆，可以理解为图书馆要收录反映社会存在的记录，不考虑是何载体形式，并以记忆的运行机制实现资源的存储、保存和使用。新信息环境下国家记忆资源的类型多样，互联网应用带来一些新型信息机构的发展，如以 Blog、Space 和 Wiki 等为代表的 UGC 模式(UserGeneratedContent，用户生成内容模式)网站，基于网络的大量音频视频、文字信息由此生成。在重大事件中也会产生照片、电视视频、现场记录等形式的海量数据资源。大数据呈现体量巨大、类型繁多、价值密度低、处理速度快的特点，若不及时发现、有效采集、长期传承下来，这信息资源将转瞬即逝。纸质文献是传统图书馆资源，与此相比，新业态环境下信息资源大量膨胀，其中很多信息对国家记忆而言具有保存和利用的价值。但从长期保存和资源有效性的角度考虑以及目前条件所限，全部采集这些资源还不太现实，因此，信息选择和组织就至关重要。

图书馆是社会记忆(通常表现为书而记录信息)的外在和选择传递机制。换句话说，图书馆是社会知识、信息、文化的记忆装置、扩散装置。国家记忆资源是国家历史长河中留下的珍贵记忆，揭示了人类文明进程和发展历程，这些资源是民族的记忆。国家图书馆作为国家级的“社会记忆装置”，是国家展示自身历史文化的窗口，是民族记忆的渊薮和公民教育的课堂，理应发挥“国家记忆资源中心”的社会职能，为国家参考提供资源支持。

国家图书馆承担国家记忆的社会职能，区别于其他社会机构，例如，博物馆、纪念馆、文化馆。其特征是以文献记录资源为载体，无论在资源范围、保存方式、开发利用模式方面都具有自己鲜明的特点。

2．定位实现的策略路径

(1) 资源发现。

国家图书馆应全面采集国家发展历程中记载有国家政治、经济、文化等领域取得的重大成就、发生的重大事件、具有历史意义的重大事项的文献，特别是对那些原生性信息进行系统采集，及时发现并采集国家记忆文献资源。

图书馆是采集、加工、保存、整理、传播文献信息资源的专业机构。国家记忆文献资源是文化传承的重要载体。长期以来，由于社会、历史等原因，一些有较高现实价值的珍贵文献分散于各类收藏机构，要实现全面有效采集必须建立完善的资源发现机制作保障。从资源的介质来讲，要利用现代信息技术，加大对网络信息和音频、视频等异构信息资源的获取，将资源选择与专题内容有机结合，将现实与存储历史需求作为无形的指挥棒有效地引导资源内容的发现；另一方面，面对国内外其他文献资源收藏机构开展有针对性的文献采访工作。加强对文献采访方针的研究，设定常规机构或采取定期互访等方式开展前期文献普查和采选工作。赋予文献采访原则新内涵，跳出固有文献的概念，围绕国家记忆主题的一切记录介质、载体都视为国家图书馆馆藏资源。以专题为中心的信息资源发现获取与有针对性地对其他收藏机构采访相结合的发现机制，会使图书馆资源经费投入与用户利用率更趋于合理。以馆藏实体资源和数字资源的平稳建设为前提，确保世界上中文文献、与中国有关的文献全面入藏。

(2) 资源组织管理。

国家记忆文献资源除了图书馆馆藏资源，也广泛存在于博物馆、档案馆等文化机构及科研院所等各行各业。这些资源对于国家历史的留存和文化的传承具有重要意义，对提高文化信息资源的利用率、提升全民的文化素质水平具有极其重要的作用。然而，由于我国不同行业、不同部门之间的宏观规划、协调和管理缺乏整体统筹，条块分割现象比较严重，文化信息资源收集、组织与利用呈现出地区性、行业性特性。因此，要按照联合开放、共建共享原则，建立全国各省级公共图书馆、文献文物收藏单位、高等院校和科研单位、企事业单位、社会组织和个人参加的中国记忆项目全国协作体系，通过确立合作项目方式，鼓励社会力量参与资源建设。发挥国家图书馆的龙头作用，联合各行业各领域实现基于同一标识平台建设的数字资源纵横贯通的整合。对跨系统、跨行业信息资源，要组织相关领域专家对其进行全面组织、整合和择优利用提出合理方案，保证我国文化资源整合的广度、深度和精度。据了解，美国早在20世纪末就推出了为博物馆和档案馆使用的情报管理系统。“档案馆、博物馆情报系统”是针对各种不同类型的博物馆用以管理馆藏、加工、流通服务的一个完整的集成系统。从馆藏的描述、各项记录、大情记、陈列品的典藏位置、陈列架的目录及其他事项都可通过研究图书馆情报网络的数据库进行联机检索。这个数据库向各有关单位提供了分享情报的服务，储藏单位能够对“档案馆、博物馆系统的项目进行重组以适应其自身的需求，以不断提高该系统进一步扩大的能力”。研究图书馆组织主席 James Miehalko 说：“档案馆、博物馆系统为研究图书馆组织提供了一个可以在档案馆和博物馆界相互满足的重要的和不断增长的需求机会。”英国专门设立了博物馆、图书馆和档案馆理事会，统筹三方资源和业务管理，满足公众对文化信息资源的共享。国家记忆资源库采用数字化信息处理和集成整合技术，对诸如各种数据库、多媒体资源、网页、试验数据、博客等多种信息资源进行深度挖掘，并通过科学的方法对这些资源进行重新组合，实现基于语义分析的信息资源关联，做到多类型的信息资源的深度整合，实现资源库群异构资源的无缝链接。

国家图书馆可运用现代化技术与手段，通过网络平台的构建整合数字形态的记忆资源，以记忆主题为主线，分为若干专题库。专题库的分类标准可参照《中国图书馆分类法》，每个专题库又包括若干专题。专题资源可按照主题、时间、地点、人物、事件、过程、内容多种方式进行资源重组，进行多维度标引，便于用户查找、识别、选择、探索。另一方面，借助用户参与资源组织的大众化特点，将用户在网络中信息资源的自组织方式与图书馆记忆资源组织方式进行整合，也就是形成融图书馆专业性资源组织与大众性用户参与的标签式信息组织结合的方式，建设按时间、地域、人物、事件、专题、文献等多维度组建的知识库体系，有效进行社会化组织。

(3) 资源权威。

国家记忆文献资源的主要价值在于保证资源的权威可靠。加强文献整理和研究，确保人藏的权威性。选题确定可结合国家重要政策、重大事项、重要任务等方面，也可通过社会征集或与其他机构合作的方式来确定。保证人藏品种、版本、信息资源的齐全，成为中国国家记忆资源提供的权威基地。

(4) 资源长期保存。

国家记忆文献资源应满足长期保存的要求。特别是那些易损、孤本、原生数字资源，应采取特别保护措施。由于数字资源具有不稳定性和易逝性，随着信息技术的快速发展，读取数字信息的软硬件设备也很快就面临过时和被淘汰的危险。只有长期保存，才能将记忆资源传承后世。各国图书馆在长期保存基础设施建设方面都投入巨大。法国借助开源软件 Fedora 开发了 OAIS 兼容的分布式存储与长期保存系统 SPAR；IBM 帮助荷兰开发项目的成果 DIAS 已经发展到 V2.0，并在德国的互操作长期保存系统项目 KOPAL 中发挥作用；新西兰与 ExLibris 公司合作，实施了国家数字遗产档案系统 NDHA 并已投入运行，ExLibris 并借此推出了自己的 OAIS 兼容产品 Rosetta 推向市场，等。澳大利亚国家图书馆、荷兰国家图书馆等国家级图书馆已具有较为完备的数字仓储系统。国家记忆资源应借鉴数字资源保存领域的成果，构建完备的记忆资源存储系统，实现长期保存。另一方面，应加强不同保存策略的研究和开发。比如，将数字资源转化成缩微胶片的形态实现长期保存，即数字信息缩微化。缩微技术已有上百年的历史，发挥模拟影像技术的优势，并与数字影像技术结合，可以在缩微制品模拟状态与数字状态存储的转换过程中实现最有利的资源长期保存。多载体模式的长期保存，确是值得研究和实践的课题。

(5) 服务平台。

国家记忆文献资源中心不仅是保藏中心，更重要的是一个公共使用中心。因此，建立国家记忆文献资源服务平台具有特别重要的意义。服务平台以国家记忆为主题发布和传播信息，采取开放式动态性的管理和服务方式，实行边建设、边服务的模式，不断丰富其内容。提供符合国家记忆查询与研究要求的界面和检索途径，使读者可以更加方便快捷地利用信息资源。在融合业态的环境下，策划依托国家记忆资源建设，融文献与实物、纸质资源与数字资源、传统模式与全媒体模式为一体的立体式用户服务新模式，包括展览、讲座、表演、文化活动等。

(二) 公益性公共服务中心定位

我国国家图书馆应依据自身的服务基础、用户需求，通过制度创新，主动参与国家公共服务体系建设。坚持公益性原则，建设成为国家公共服务体系建设的重要基地，面向五位一体、公共管理与和谐社会建设需要，提供免费、均等型公共服务，满足人民群众基本文化需要，特别是文化、就业、社会保障、公共安全、社会创新等领域的公共服务需要。公益性公共服务中心的定位要求是：①以公益性服务为准则；②以文献信息资源为基础；③以满足人民群众文化需求为目标。

1．定位价值分析

公益性公共服务是时代的要求。党的十七大报告指出：“坚持把发展公益性文化事业作为保障人民基本文化权益的主要途径。”明确了图书馆参与公共服务的社会责任和发展方向，即保障人民的基本文化权益，让人民分享文化发展成果。2011年10月召开的十七届‘六中全会，针对当前文化建设中社会普遍关注的重点问题，提出了一系列重大措施，其中包括大力发展公益性文化事业、保障人民基本文化权益。全会精神集中体现在《中共中央关于深化文化体制改革若干重大问题的决定》中。决定指出：“满足人民基本文化需求是社会主义文化建设的基本任务。必须坚持政府主导，按照公益性、基本性、均等性、便利性的要求，加强文化基础设施建设，完善公共文化服务网络，让群众广泛享有免费或优惠的基本公共文化服务。”

为深入贯彻落实党的十七届六中全会精神，深化文化体制改革、推动社会主义文化大发展大繁荣，进一步兴起社会主义文化建设新高潮，努力建设社会主义文化强国，根据《中共中央关于深化文化体制改革、推动社会主义文化大发展大繁荣若干重大问题的决定》和《中华人民共和国国民经济和社会发展第十二个五年规划纲要》，中共中央办公厅、国务院办公厅编制印发了《国家“十二五”时期文化改革发展规划纲要》，将“覆盖全社会的公共文化服务体系基本建立，城乡居民能够较为便捷地享受公共文化服务，基本文化权益得到更好保障”作为“十二五”期间文化工作的重要目标。

党的十八大报告指出：“必须更加自觉地把全面协调可持续作为深入贯彻落实科学发展观的基本要求，全面落实经济建设、政治建设、文化建设、社会建设、生态文明建设五位一体总体布局，促进现代化建设各方面相协调，促进生产关系与生产力、上层建筑与经济基础相协调，不断开拓生产发展、生活富裕、生态良好的文明发展道路。”

关于文化建设方面，报告强调要进一步保障“人民基本文化权益”，“坚持面向基层、服务群众，加快推进重点文化惠民工程，加大对农村和欠发达地区文化建设的帮扶力度，继续推动公共文化服务设施向社会免费开放”，进一步确立了文化建设在社会主义现代化建设中的地位。

上述党和国家有关文化事业的方针政策明确了公益性文化事业的基本性质、功能定位，强调了公益性文化服务机构在保障人民群众基本文化权益中的作用，确定了加大对公益性文化事业扶持力度的指导思想，为包括各级图书馆在内的公共文化服务机构开展公益性服务，维护和实现广大人民群众的文化权利提供了政策保障。

公益性公共服务的现实需求。图书馆是社会文化事业重要组成部分，职能包括：保存人类文明成果，开展社会教育，传递科学情报，开发智力资源，提供文化娱乐。图书馆的公益性不仅体现在公众的免费利用上，而且还体现在社会效益上，即读者从图书馆社会教育职能和信息传播过程中获得知识信息，提高自身素质，进而推动社会文明进步。这其中蕴含的巨大价值是难以估量的。

作为社会教育的子系统，图书馆是进行社会教育的重要场所，具有广泛性、延续性、综合性、开放性、灵活性等独特优势，在人类教育体系中占有重要地位，是实现终身教育的物质保障。

图书馆公益性服务也是社会公平在知识、信息领域的体现，是社会民主制度的重要体现。1999 年，国际图联“关于图书馆和知识自由权的声明”中指出：“履行知识自由使用的义务是图书馆和信息业的主要职责。”保障知识自由原则已成为图书馆管理与服务活动应遵循的最高原则。而图书馆公益性正是这一原则的最好体现。图书馆公益性服务的存在使社会中每一个公民获得了自由获取知识或信息的权利。

图书馆公益性公共服务的行业需求。图书馆的公益性服务水平既反映了社会的文明进步程度，也反映了公共图书馆事业的发展水平。图书馆公益性服务的产生，是图书馆历史发展的产物。近代以来，随着民主理念的传播，知识壁垒被打破，信息资源不再为特权阶层独享，普及民众教育成为一种趋向，于是逐渐建立和开放了面向大众的图书馆。当代图书馆秉承了这一性质，创造出适应现代社会发展的特色内容。

图书馆公益性原则是由图书馆的公共性质决定的。1867 年，美国芝加哥图书馆馆长普勒就在他撰写的《公共图书馆的起源与管理》中，将公共图书馆定义为："根据国家法律建立的，是受地方税收与自愿捐赠支持的，是被当作公共信念管理的，每一位维护这个城市的市民都有平等地享有它的流通与服务的权利。"作为图书馆服务理念的具体体现，图书馆宣言与图书馆的服务关系紧密，是图书馆确定服务内容的重要依据。图书馆所有服务都围绕宣言展开，所有资源都围绕使命分配。在 1949 年联合国教科文组织发表的《公共图书馆宣言》中明确指出："公共图书馆应当完全以公共经费支付，并不许向为之服务的任何人收取直接费用。"并在修订时指出："每一个人都有平等享受公共图书馆服务的权利，而不受年龄、种族、性别、宗教信仰、国籍、语言或社会地位的限制。"公共图书馆存在和发展的根本意义就在于它为社会提供优质的公益性服务，社会效益始终是公共图书馆及其服务运作的首要准则。公益性服务、平等服务和人性化服务的原则成为图书馆公共服务的普世价值。

2．定位实现的策略路径

(1) 免费服务的政策。

免费服务体现了国家图书馆的社会责任。国家图书馆作为特殊形式的图书馆，应主动应对新环境，将免费服务作为服务创新的新的契机。当然，随着免费开放时代的到来和越来越多的读者进入，文献的借阅与流通量一定会有较大幅度的攀升。

在国家图书馆百年庆典大会上，李长春指出："图书馆是社会文明进步的标志，是人民群众学习知识、陶冶情操的殿堂，是建设学习型社会的重要阵地，是公共文化服务体系建设的重要基础性设施。"这对国家图书馆提出了新要求。"免费服务无疑将获得社会更多的关注与支持。图书馆是公民终身学习和继续教育的重要场所。图书馆事业的发展水平也是衡量一个国家进步和文明程度的重要标志，这项事业的发展对于提高全民素质、推动科技创新，促进政治、经济、社会、文化发展，促进和谐社会建设发挥着重要的作用。国家图书馆的免费开放有助于不断满足人民群众日益增长的精神文化需求，从而容易在全社会形成良好的人文环境，进而能够吸引更多的人利用图书馆获取信息，增长知识，陶冶情操，成就就业和创业的梦想。”国家图书馆作为国家馆，是否应该提供公共服务曾经成为学术争论的焦点。但是由于我国现有的公共图书馆、社区图书馆不能满足读者需求的现状，国家图书馆应该担当起面向广大公众开放的任务，承担公共图书馆的职能。由于国家图书馆有其具体的位置和辐射范围，阵地服务不能脱离所在的区位独立存在，也不能超过其辐射区域无限度地向广大公众开放，客观上决定了国家图书馆要为所在地社会公众的到馆服务提供优先保障。这就要求国家图书馆必须要有社区意识，立足社区、融入社区，以其自身的资源优势和行业优势积极参与到社区的文化建设中来，与所在地区的文化机构进行互动，为营造学习型社区贡献力量。新信息环境赋予了图书馆免费服务新内涵，利用新型载体的远程免费服务也是国家图书馆公共文化推广和社会教育工作开展的一种重要方式。

(2) 提升公共服务能力。

首先，要提高基本公共服务意识，提升服务能力。“公益性公共服务主要着眼于保障公民基本文化权益，促进基本公共文化服务均等化，提高公共文化服务能力。应对新的环境．国家图书馆首先要强化公益性服务意识，以提高基本公共服务为目标，坚持基本服务的免费服务原则。其次，公共图书馆应该结合具体业务，围绕如何提高基本公共服务水平进行服务创新。如提高服务效率、节约读者成本。读者利用图书馆的成本主要由费用成本和时间成本构成。读者的基本费用已经全免，非基本费用也大为降低，读者的时间成本就成为其利用图书馆时所需考虑和付出的最主要的成本。这也与阮冈纳赞早在 1931 年提出的‘节约读者时间’原则所表达的精神相契合。

再次，加强图书馆之间的合作与联合以应对新型服务的需求。建立以点带线、以线成面的全国和各地区图书馆间公共服务的合作机制，形成基于多个图书馆的‘图书馆圈’联合服务，有利于提升整体服务能力。我国公共图书馆服务能力目前还存在着较为明显的地域差别和城乡差别。因此，要推进公共图书馆的服务创新，必须要坚持统筹协调，统筹区域和城乡发展，进一步探索建立公共图书馆之间信息资源的共建共享机制，让优质的资源与服务不但能够为本地读者所利用，也能够为其他地区，甚至全国的读者所利用，促进公共图书馆服务水平的整体提升。”

(3) 完善投入机制。

联合国教科文组织和国际图联于1994年10月29日颁布的《公共图书馆宣言》指出：“公共图书馆原则上应该免费服务。公共图书馆是国家和地方当局的责任。必须制定专门的法规支持公共图书馆，国家和地方政府必须为公共图书馆筹措经费。公共图书馆必须是各种长期的文化、信息供应、识字和教育战略的一个基本组成部分。为保证全国范围的图书馆协调与合作，各国的法规和战略计划还必须明确规定和提倡基于统一服务标准的国家图书馆网络。”对照《公共图书馆宣言》中的规定和欧美公共图书馆的实践，结合我国图书馆公益性公共服务的现实，国家图书馆应与立法机构、兄弟图书馆及相关文化机构合作，进一步推进图书馆法律法规体系的建立，制定全国图书馆公共服务的发展战略规划和统一的服务标准，为图书馆公益性公共服务建立法制保障。

国家图书馆应完善投入机制，确保公益性公共服务的实现与健康发展。为了进一步完善经费保障制度，国家图书馆应用政策优势，与文化部、财政部等单位加强沟通协作，增加运行经费和购书经费的持续投入和稳定增长，确保投入增幅高于财政经常性收入增长幅度。拓宽经费来源渠道，与企事业单位和社会团体广泛合作，引导社会力量参与图书馆公益性公共服务，鼓励积极吸纳社会各界的捐助。摸清家底，合理估算用于基本服务设施免费开放的各项费用及设备维护费用，以应对到馆读者数量的激增。厘清基本服务与非基本服务的界限，在保障基本服务设施免费开放的前提下，规范非基本服务收费制度。加强资金管理，提高资金使用效益，加大对基础业务部门的政策倾斜。

(4) 深度挖掘用户需求。

文献资源是图书馆各项服务的基本保障。国家图书馆作为国家总书库和国家书目中心，在中文图书、报刊的馆藏数量上具有得天独厚的优势。应重点加强海外中文文献和外文文献的采访力度，定期进行文献补藏，依托大型文化工程的带动作用，拓展公共服务资源，并充分利用资源优势，进行文献深度开发，向读者提供权威化、优质化的文献信息服务。通过馆际互借平台，与所在地的公共图书馆、高校图书馆和科研图书馆搭建文献保障平台，弥补各自藏书的不足，实现资源共享，满足读者需求。利用全国图书馆联合编目中心平台，促进书目数据和文献资源的共建共享。

以读者需求作为出发点，对相关业务流程进行优化组合，简化相关手续，节省读者时间。以文献捐赠为例，目前国家图书馆文献捐赠依据文献类型分属不同业务科组。即以中文文献而论，接受捐赠的单位包括古籍馆、中文采编部中文图书采访组、台港澳文献采编组、中文资料组、中文报刊组等，条块分割严重，管理难以划一，无形中为读者设置障碍，间接影响了国家图书馆的形象。应设立专门科组负责文献捐赠业务，优化捐赠流程，完善捐赠细则和奖助办法，并在显著位置向读者标示。

提高无线网络速度，根据一期改造工程结束后阅览区域重新划分的需要，增加无线网络覆盖面积，实现三馆区无线网全面覆盖。加强馆区内硬件设施的维护管理，确保读者阅览安全。

在保证传统服务质量的同时，打造以专藏文献、特色数据库、精品讲座和展览为核心的精品服务。同时，要适应时代发展，创造新的服务内容，将计算机技术、数字技术、网络技术、移动通信技术等应用于公共文化服务，创新文化表现形式，拓宽服务渠道。树立“一切为了读者”“以人为本”的服务理念，打造服务品牌，让图书馆真正回归公众，吸引更多类型、更多层次的读者，满足读者定制化的信息需求。尊重群众的参与权和表达权，探索建立群众文化需求的动态反馈机制，重点加强对少年儿童、老年人、残障人士等特殊群体文化需求的了解，有针对性地提供公共文化服务。

(5) 提升职业素养。

重视图书馆人才的选拔引进，吸引优秀人才进入图书馆服务领域。根据开展公益性公共服务的需求，强化一线读者服务窗口的“一站式”高水准服务水平，将阵地服务和网上虚拟咨询服务的首问责任制落到实处。加强员工服务意识培训，确保工作人员在人流量增大、工作任务加重的情况下继续保持热情友好的服务态度；强化读者服务相关业务能力的培训，确保其在职业道德、业务知识、管理能力、文化素质和服务能力等方面具有较高水平，从而保证所提供的公共服务质量。建立学科馆员制度，充分利用近年来国家图书馆新人馆大学生的专业背景，打造一支专业化、信息化、年轻化的读者服务队伍。打造专业志愿者队伍，探索志愿者服务长效机制，吸引更多的社会公众加人志愿者队伍。完善服务监督与评价反馈机制。进一步提升国家图书馆服务工作质量，提高员工岗位自律性，强化馆内外监督考评机制。针对免费开放后面临的各种情况和问题，制定突发事件的应急预案，责任落实到人，进一步加强节假日多层级领导带班制度，及时妥善处理突发问题，确保公众安全、文献资源和信息安全、设施设备安全。

（三）研究型知识服务中心定位

国家图书馆在做好基本公共服务的同时，还要满足研究型用户的需要。主动挖掘决策、科学技术研究、企业创新等领域的深度需求，通过专题咨询、项目研究、科学报告、标准服务等多种形式满足服务，承担决策、研究、创新支撑的社会责任。研究型知识服务中心定位的要求是：①在做好公共服务的基础上，保证国家重点项目、决策的需要，特别是研究型、决策型用户的需要；②提高服务质量与研究能力；③创新知识服务方式。

1．定位价值分析

知识服务是传统文献服务的深化，是满足研究型、决策型用户需求的手段之一。调查表明，我国用户的这种需求正在增长。国际上国家图书馆多具有这项职能，如美国国会图书馆。在创新型国家建设的伟大实践中，人们对信息和知识的关注度逐步加强，信息服务也在逐步向知识服务方向转变。国家图书馆依托自身丰富的馆藏与资源，从事知识的搜集、整理、存储、传递、创新，为社会提供知识的服务是时代的要求，也是中国国家图书馆应肩负的社会职能。

国家图书馆应履行为中央和国家领导机关的立法与决策服务的职能。立法与决策服务的对象包括党和国家领导人、中共中央及其所属各部委、全国人民代表大会及其省级以上分支机构、国务院及其所属各部委(含国务院直属特设机构、国务院直属机构、国务院办事机构、国务院直属事业单位等)、中国人民政治协商会议及其省级以上分支机构、中央军委及所属各总部。国家图书馆可直接或通过与中央国家机关文献信息服务保障机构合作，为其提供文献资源服务。

服务人文社会科学是国家图书馆知识服务的特色。从近年来国家图书馆承担的立法决策服务实践看，比如为党和国家领导人提供的《中国历史上有关“和而不同”经典论述》《中美建交谈判参考资料》等资料；为中央和国家领导机关提供的《国家勋章奖励及国家荣誉制度建立》《汶川地震灾后重建信息专报》等资料；在《中华人民共和国物权法》的出台过程中，为全国人大提供的《中华人民共和国物权法(草案)立法跟踪》；服务“两会”的文献信息资料。从这些服务案例资料看，在图书馆参考咨询服务内容综合化的大趋势下，面对立法决策机构的服务内容还是侧重人文社会科学领域。

2. 定位实现的策略路径

(1) 咨询服务。

图书馆咨询工作的服务质量和水平是现代图书馆核心竞争力的一个重要指标。咨询服务的三要素是咨询用户—知识资源—咨询馆员，咨询过程围绕三个点，或三个点任何两个点之间展开的。由于技术因素的影响，在新业态环境下，国家图书馆应统一规划部署咨询服务平台的建设与服务。进一步大力开展虚拟咨询服务，优化人与机器系统内的关联，技术必须和服务有机结合，强化其应用性。实现图书馆馆藏、咨询馆员和用户资源共享的协作式服务，使用户的咨询行为不受地域、时间的限制，能够通过远程技术得到实时的解答。知识服务全过程是围绕用户的问题展开的，以咨询为起点服务过程，通过以用户为中心的合作式虚拟参考咨询，可提高解答信息咨询的速度和质量，将常规问题规范化系统化至同一平台。国内外信息机构在这方面的研究已经取得了很大的进展。如美国图书馆协会和 OCLC 在 2000 年 11 月研发了一个基于网络的全球性合作式数字化参考咨询系统(Collaborative Digital Reference Service)，目前全球范围内已有 300 多家信息机构加入了该系统。合作虚拟咨询已成为图书馆通过合作深入提供信息咨询服务的有效方式。

在限定资源和用户时，咨询馆员是最根本的要素。传统思维认为图书馆一线读者服务是最简单的、业务含量最低的岗位。其实，随着用户需求的不断变化以及图书馆业务外延不断拓展和内涵不断深化，赋予咨询馆员满足用户知识服务的职责越来越重要。咨询馆员需要了解图书馆学基本理论知识和本馆整体业务流程，同时精通一门或更多的非图书馆学学科知识。国家图书馆应做好基础业务工作岗和知识咨询服务岗的合理调配，构架起由培养需求分析、培养内容体系、培养运作体系、培养评估体系构成的中国国家图书馆人才培养体系，形成岗位管理和专业人才培养互动的人力资源管理新模式。

(2) 知识挖掘服务。

知识挖掘又称为知识发现(Knowledge Discovery in Database，KDD)。知识挖掘服务是面向内容知识服务的一种主要形式，知识发现与组织、知识管理与挖掘等各方面的研究都是以显性资源为基础的。挖掘服务主要是指在对显性知识进行定性定量处理的基础上，发现未知的知识间的关联，挖掘隐含其中知识内容的一种知识创新服务。这种深层次的知识服务是在网络环境下更多地依赖人工智能技术的成熟与发展，支持这一过程的核心技术是特征提取、分类、聚类和关联规则发现、知识评价等。

首先要全面分析用户需求。分析得出用户需求的核心内容，依据规范化模式对用户需求的表达给予处理，构建用户需求模型，以此提高知识服务的精准性；然后是知识挖掘服务管理过程，即知识采集、知识过滤与挖掘、知识提供。有针对性地对信息和知识进行采集，扩展采集范畴从本馆资源到馆外资源、从图书馆领域外延到其他图书情报机构等，拓展资源载体，从实体到电子资源、网络资源，将与用户需求有关的资源作为知识挖掘的基础数据库资源有效统筹到一个集合。

之后利用知识挖掘技术或工具对信息进行过滤，保留有用信息进行知识聚类，运用一定的算法与工具，分析其语义关联，形成内容高度关联的“知识网络”提供给用户。最后要用户对其进行评价和反馈，对知识产品的评估过程也是需求不断调节、知识分析与知识挖掘不断变化的过程，最终以用户较高满意度的形式实现高效优化的知识挖掘服务。

(3) 数据挖掘服务。

知识服务的过程也是相关信息产生的过程，伴随知识服务会形成专题知识信息、馆员信息、用户信息三方面信息的不断积累。这三大信息经过多次知识服务案例会逐步类聚成信息库群，如果能对这些信息加以有效建设和管理，将更有利于提升咨询馆员的职业素质，从而较快提高国家图书馆知识服务水平。

1) 知识库：广义的知识库是图书馆馆藏所有资源总库，传统的知识服务是通过文献、知识、信息提供或传递满足用户的需求；狭义的知识库是知识服务的重要组成部分，也是区别于信息库的主要特征。知识库的知识是围绕用户需求的某一问题，通过对相关知识信息的采集、显性知识的重组等有主体的专题式开发，自建的数据库或目录体系，是基于知识服务形成的文献信息等各种载体形态资源整理后的知识集合。如目前国家图书馆已建成的西夏论著资源库，将馆藏西夏文献进行数字化整理包括西夏古籍书目数据 124 条，西夏古籍原件影像近 5 000 拍，西夏研究论文篇名数据 1 202 条，这为研究西夏佛教史具有重要资源价值。应加大知识库的建设，将若干知识资源数字化处理，在统一界面实现多维度检索。

2) 馆员信息库：馆员信息库主要是针对知识服务而言。建立国家图书馆知识服务提供者的档案信息库，将知识服务馆员的专业技术水平、研究领域等基本信息以及完成过的知识服务问题、用户对其服务的满意度评估情况等与知识服务相关的信息形成关联，实行动态管理。馆员信息库便于用户对知识服务提供者的了解和选择，同时有利于管理者对国家图书馆知识服务馆员的整体管理和岗位调配。用户反馈信息及馆员服务数据可作为对馆员的绩效考核指标，信息库会在馆员服务中起到激励作用，有利于知识服务提供者服务质量和水平的提升。

3) 用户信息库：知识服务用户信息采集始于知识服务系统中每位用户注册时

个人信息的填报，用户信息库实行动态和长期管理模式。信息库的建设和管理，一方面对用户行为起到一定约束作用，另一方面主要是可基于信息开展用户行为分析，将用户基本信息和知识服务需求的特点进行全面分析，国家图书馆可以基于用户知识服务行为特征的变化，指导知识库建设，调节知识服务提供者的服务方式，用户研究素材为图书馆的推送服务、定题服务等个性化服务提供依据。。总之，这三者之间是一个有机整体，是知识服务的链条，加强各方面信息研究会形成良性的三方相互促进、彼此相长的作用。

(四) 图书文化交流推广中心定位

在履行收藏与传递文献信息的同时，国家图书馆应担当推动文化大发展、大繁荣的重任。利用书刊、影像、网络等资源大力推动文化交流，配合国家文化发展、文化走出去等战略，积极主动承担文化传承、文化发展、中华文化推广的社会责任。

1. 定位价值分析

促进文化交流文化走出去是国家发展战略的需要。文化是民族凝聚力和创造力的重要源泉，是综合国力竞争的重要因素。在全球范围内实现充分的交流、对话、协调和沟通，是文化发展的共同趋势。各国越来越重视文化的发展与繁荣，这是文化软实力的体现。党的十七届六中全会通过的《中共中央关于深化文化体制改革推动社会主义文化大发展大繁荣若干重要问题的决定》中，提出要推动中华文化走向世界，增强中华文化在国际上的影响力。在十八大报告中提出，要在十六大、十七大确立的全面建设小康社会目标的基础上努力实现新的要求——文化软实力显著增强，要扩大文化领域的对外开放。中华文化博大精深、浩如烟海。文化走出去战略中“走出去”的中华文化既包括传统文化，又包括自中国近代以来不断发展形成的现代文化和与现阶段的经济政治相适应的中国特色社会主义文化。中华民族具有收藏和保存文化的传统，藏书机构伴随着文化的发展而发展。早在商周时代，就已经有收藏典籍、档案和简册的官方机构。从藏书楼到图书馆的发展，见证了中国收藏图书、保护文化遗产的优良传统，对人类知识的传递和积累发挥了重要作用。

丰富的文化中除了一部分以文化实体形式存在外，大多是以文字记载记录的文化典籍和文献资料。卷帙浩繁的文献忠实地记载着历史，延续着中华民族的根脉，是中华民族的宝贵精神财富、传承文明的重要形式，同时也是不可再生的文化资源。中国传统文化是国家文化软实力的基本要素和发展源泉。在全球化趋势深入发展的时代背景下，大力传承与弘扬优秀中华传统文化，具有重大的历史意义与现实意义。国家图书馆具有文化交流推广的丰富资源。

图书是社会认知图书馆的品牌标识。图书等记录形式的文化资源是图书馆开展文化推广交流的重要基础。这些由知识内容、记录载体和记录载体组成的文献资源是中华文化最真实权威的记录。要让世界了解真实的中国，要进一步彰显中华文化魅力，就要通过真实的记录来展现中华文化与时俱进的生命力和风采。国家图书馆是国家藏书机构，拥有丰厚的文化资源，这是提高国际文化竞争力的有力优势。因此，在我国与国际交往中，国家图书馆承担着多元文化推广与交流的重任。

国家图书馆通过与各国图书馆建立广泛的书刊交换关系，一方面极大补充了馆藏，另一方面通过书刊交换，以资源扩散的方式，使优秀的中华文化资源得以广泛推广；以项目形式将体现中国优秀文化的文献赠送到国外，通过设立阅览专架，或者通过网络资源的免费浏览，让世界更好地了解中国，弘扬中华文化，进一步提高我国国际地位和影响力。

2. 定位实现的策略路径

(1) 搭建基于图书品牌的中华文化交流推广合作框架。

图书馆推广文化不同于其他社会机构，天然依赖图书文献。同时，国家图书馆还可以广泛利用其他文化交流机构的优势，通过合作方式推动中国图书走向世界，例如“中华文化交流与合作促进会”等相关机构。利用这些机构的国际合作渠道，延展国际合作空间，拓宽合作伙伴，确定项目主题和合作机制。图书馆在其中承担基础业务工作，构建系列化推广模式，例如，国际图书巡展、中华文化系列出版物、中华优秀文化产品推广等方式。

(2) 建设中华文化信息资源。

文化信息资源是重要的信息资源和战略资源，文化资源在人类社会发展中起着重要的基础性作用，对文化信息资源的整合是提升文化软实力的需要。中华文化资源由于历史原因散落于世界各地，要加大海外中文文献补充力度，丰富记载中国文化的出版物。中国国家图书馆可代表中国以国家图书馆海外分中心的形式，或者以部委与直属单位合作的模式，与海外文化中心达成协议，以海外文化中心图书供给、展览巡展服务等与文献建设服务互惠互利的合作方式，发挥分中心人员国际关系网的优势，协助图书馆文献采集，以此加大补藏力度；也可加强同图书进出口商等企业的合作，选派专业采访人员根据图书馆的需求作寻访；将参加国际书展机制常态化等方式，不断丰富中华文化信息资源库资源量。

(3) 广泛参与国际图书与图书馆组织活动。

多年来，中国国家图书馆代表中国积极参与有关国际组织的活动，但目前国际交流的范畴，大多限于图书馆界内，是依托于基础业务面开展的。要利用图书资源优势做好中华文化的国际推广工作。一方面要通过主动策划学科国际学术会议、图书馆界合作交流项目等方式，加强学科领域交流，提高在国际图书馆界的地位；另一方面要扩展国际组织平台的外延，在国际文化组织等相关领域中寻求合作，更多地代表中国发出声音，依托文献资源，将文献信息为载体的中华文化通过更多渠道开展推广。

(4) 构建基于文献资源的国际文化联盟。

根据国际区域文化的趋同性，中国可牵头联合区域内国家级图书馆成立区域性文化联合体，比如尝试筹建亚洲图书馆文化推广联盟，以凸显亚洲地区图书馆的国际影响力。在其他领域，区域性联盟合作也很多见，如亚洲金融合作联盟，他们在产品、事业和公司等领域开展合作，从而实现共赢局面。据了解，故宫博物院依托丰富馆藏和运行管理合作平台，以促进发展中国家，特别是亚太地区国家博物馆业务水平为宗旨，协同中国博物馆协会合作组建了国际博物馆协会同际博物馆培训中心。同时，成立亚洲图书馆文化推广联盟可以依托图书馆文化资源，成员单位可基于馆藏资源的挖掘开展文化主题的研究和探讨，将文化资源的内涵通过展览、专家讲座等形式予以揭示，并形成多国巡讲巡展的模式；同时将实体联盟网络化，利用互联网形成区域性联盟网，开辟合作的双重战线。

兼具文化内涵和经济价值的图书馆文化产品，是图书馆文化展示的延伸，好的文化产品能够强化受众对图书馆馆藏资源文化内涵的研究和对中华文化藏品的尊崇。图书馆文化产。品开发应立足于馆藏特色精品资源，立足于资源的文化内涵，并注重载体形式的创新和市场化运作模式。产品或凸显文化价值，如书籍、画册、书票等仿制品；或将文献资源作为价值点，以工艺品、服务、玩具、服饰等形式呈现，服务大众，凸显创意性。产品要服务于不同消费层次和不同消费水平的用户，满足他们多元化的需求，以此扩大服务覆盖面，增强影响力。博物馆系统对各级博物馆的文化产品开发提出要求，力争到2015年，国家一级博物馆达到10种以上文化产品，逐步形成博物馆文化产品体系。国家图书馆也可在全国范围内构架起图书馆文化产品体系，将基于图书馆文献资源开发的文化产品推向国际，以图书馆文化服务的独特优势，服务于国际市场，提高中国文化的市场竞争力。

第三节　图书馆教育职能管理与建设

一、现代高校图书馆的教育职能

1949年新中国的诞生为我国图书馆的发展开辟了广阔的道路，图书馆历史进入现代。现代图书馆的功能概括起来主要有四个：一是搜集和保存人类文化遗产；二是文献的整序；三是文献信息的传递；四是开发智力资源，进行社会教育。

智力资源的开发，一是开发馆藏文献资源；二是启发用户智力，培养用户进行科学思维。前两个功能可以说是实现教育功能的必要条件，而文献的传递和开发智力资源、进行社会教育本身就是发挥教育功能的教育活动。

（一）高校图书馆教育功能的内涵

1981年10月15日教育部颁布的《中华人民共和国图书馆工作条例》规定：

“高等学校·图书馆是学校的图书资料情报中心，是为教学和科学研究服务的学术性机构，它的工作是教学和科学研究工作的重要组成部分。”1987 年 7 月 25 日原国家教委颁布的《普通高等学校图书馆规程》规定：“高等学校图书馆是学校的文献情报中心，是为教学和科学研究服务的学术性机构，它的工作是教学和科学研究工作的重要组成部分。”2002 年 2 月，《普通高等学校图书馆规程》再次修订颁发，在总则中再次明确提出“高等学校图书馆必须贯彻国家的教育方针，履行教育职能和信息服务职能，为培养德、智、体、美等方面全面发展的人才，发展教育科学文化事业，建设社会主义物质文明和精神文明服务”。

由上述条例或规程可以看出，虽然在不同的时期，《普通高等学校图书馆规程》对于高校图书馆的性质与任务有不同的表述，但高校图书馆是为教学和科学研究服务的学术性机构这一点始终放在了重要位置，并逐渐得到了强化。

20 世纪 80 年代中期以来，教育部明确规定高校图书馆是学校的文献情报中心，高校图书馆应履行教育与情报功能。1987 年 6 月，全国高校图书馆工作会议在京召开，这次会议就是探讨新形势下如何更好地发挥高校图书馆的作用，为发展教育科学文化事业：为培养“四有”新人、建设社会主义物质文明和精神文明做出更大的贡献。1987 年 10 月，文化部在京召开贯彻《关于改进加强图书馆工作的报告》会议，与会者一致认为：必须进一步发掘现有图书馆的潜力，强化图书馆的情报功能和教育功能。

（二）高校图书馆教育功能的特征

高校图书馆教育功能的特征就是在实现教育目标时的特有途径，具体可以表述为教育手段静态与动态的统一、教育方法主动与被动的统一、教育内容无限与有限的统一以及教育形式封闭与开放的统一。

从教育手段上看，图书馆以馆藏文献的组织和传递服务为主要手段来发挥教育功能。初层次的文献动态性，表现为整本书刊的流通阅览；深层次的文献动态性，表现为对文献内容的开发和利用。图书馆人员和用户在开发利用文献的过程中，从原始文献中萃取知识单元，加以精化和重新组合，使之处在最活跃的状态，进而内化进入用户的知识结构，收到被吸收利用的功效。从传统教育方法上看，通常的课堂教育，教师是主体，学生被动地听讲解，受教育。在图书馆，用户则是主体，用户进不进图书馆，看这本书或看那本书，完全处于主体、主动地位。因此，学生在图书馆最能发挥主观能动性，进行独立思考，以汲取知识、开发智能。然而，面对学生用户的主体、主动地位，图书馆不是无所作为，听其自然，而要发挥自身的主动性。引导用户对图书馆的认识和兴趣，吸引用户来图书馆，积极进行导读和参考咨询服务。图书馆对用户的主动引导还有其特殊性：区别于教师在课堂教学中带有强制性的教导，图书馆对用户是从属的、友好的引导，毫无强制之意，在友善引导、潜移默化中，提高学生的学习效益。所以，对于用户这个主体，图书馆虽处于被动地位，但又要主动发挥教育功能。

从教育内容上看，图书馆藏书丰富、广泛，人们常用“汗牛充栋”“知识的海洋”来形容。在非综合类的高校，即使其教学内容是专科性的，但图书馆仍然具有丰富的藏书，可以说古今中外，天地万物，无所不包，这是图书馆教育内容的无限性。但是，高校图书馆的馆藏总是有限的，用户的时间、精力和阅读范围也是有限的，这就形成了图书馆教育内容的有限性。在这无限性和有限性之间，图书馆要为用户在书海中导航，指导用户掌握检索文献的技能，引导用户阅读最需要阅读的书刊，在无限之中求有限，获取最佳的学习效果。

从教育形式上看，传统的观念常把高校图书馆的活动局限在馆舍之内，服务对象也限于本校师生。这种封闭型的观念和格局，已经逐渐被冲破。几十年来，高校图书馆不断深化改革，创造了许多发挥教育功能的新形式。随着社会信息化的发展，图书馆的服务从馆内扩展到了馆外，甚至向校外用户开放。这样多样化的活动形式，使图书馆的教育功能从单一、封闭型向多样化、开放型发展，使图书馆在培育人才的活动中不断增强其地位和作用。

综上所述，从春秋时期的王宫藏室，到后来官民参半的藏书楼的兴起，从唐宋时期书院的萌芽，再到近现代图书林、图书馆的大量涌现，在其曲折而漫长的发展过程中，我们发现任何形式的藏书楼与图书馆都无不建立在其教育功能的基础之上，尤其是今天的高校图书馆，更是将教育功能推到一个前所未有的高度。

“藏用一体，育人为旨”，真正实现了集人类成果、传社会文明，播思想之星火，生智慧之光芒。当下高校图书馆教育功能的不断拓展，不仅成为现有教育途径与方式的一种有效补充，更为人的终身教育与全面发展奠定了坚实的基础。

二、高校图书馆教育职能的演变

随着教育本质和教育手段认识的深化，影响和促进了高校图书馆教育功能的转变。高校图书馆教育功能的主要内容是图书馆支持学校实现其教育目标的功能，体现为围绕教学活动收集、整理、储存文献信息，并根据用户需求以外借、阅览和参考咨询等形式提供这些信息，这些功能要素构成了高校图书馆对学校教学活动的主要贡献。传统图书馆的教育功能强调的是“以书为本”，即提供书刊文献资料来履行传授单一知识的智力教育功能，而现代图书馆的教育功能主要体现在配合学校教学和科研工作的需要，强调的是“以人为本”，即以开发人的智能为目标，履行传授学习掌握知识能力的教育功能。前者是“授人以鱼”，后者是“授人以渔”，两者在内涵上是不一样的。随着我国教育体制的改革和发展，图书馆的教育功能也在发生变化，这种变化并不是简单地对传统图书馆教育功能的抛弃，而是在原有基础上的进一步拓展和深化。

（一）馆藏文献建设的变化

馆藏文献发生了巨大变化。记录文献的载体从最早的甲骨、竹简、羊皮等，到今天出现的电子文献，无处不打下人类智慧的烙印。新型电子文献出版增加了现代图书馆馆藏的内容，以纸张为载体的文献形式不再单一，已经出现磁盘、磁带、光盘等电子文献与纸型文献并存的局面，图书馆的馆藏含义将会进一步拓宽，凡是图书馆提供的各种载体的文献均可视为图书馆的馆藏，图书馆各种载体形式的文献收藏将向多元化方向发展。同时也使传统图书馆在观念、传递文献方式、业务工作内容方面发生了变化。

（二）数据化和网络化建设的变化

高校图书馆的传统教育功能——被动的文献保障功能已有被网络商业服务所

取代的危机，这种危机感激励了高校图书馆为强化自身功能而进行的探索与创新。

21 世纪是知识经济化、信息网络化、教育终身化、学习社会化的时代，社会环境的需求和信息技术的支持，拓展了高校图书馆发挥教育功能的教育模式、教育内容和教育目标。建立依托数字图书馆的教育网络平台，可以使教育的实施快捷便利、方式多样、内容深化，是新世纪高校图书馆发挥教育功能的新途径。通过网络教育平台的建设，通过整合信息资源、搭建交流平台、评价学术信息，达到完善知识传递系统、促进学习型社会的形成、促进文化的交流与创新的目的。从网络技术角度讲，因特网是计算机的一个集合，它以 TCP / IP 网络协议进行数据通信，把全世界众多的计算机网络和计算机用户连接起来，使原本分散在成千上万台计算机上或限制在局域网络上的信息资源，可以方便地相互交流。其主要功能有信息交流、网络通信、资料检索等。随着网络的飞速发展，人的交流能力和认知能力同时得到发展，个人不再是被动地接受方，而是可以自主地组成虚拟社团，比如常见的论坛等。网络已经成为人们日常生活、学习、科研活动不可或缺的内容，在网络世界，用户不受时空限制，使资源共享成为现实。网络融文字、声像、动画于一体，使用户在获得所需信息的同时能得到美的享受；借助网络，大学生可在瞬息之间了解世界各地发生的重大事情，其交流与沟通也打破了时间和地域的局限，既开阔了视野，又扩大了生存和发展空间。网络还将教学由课堂扩展到图书馆以至宿舍，由校园延伸至社会，学习者可永不毕业，从而促进了教育的社会化和终身化。中国教育与科研网于 1995 年通过国家技术鉴定并投入使用，目前已形成了以清华大学为中心和总出口，西北、西南、华中、华南、华东、东北、京津等八区九所院校为接点，连通部分高校的立体的网络结构。通过中国教育与科研网，用户可在因特网上访问世界著名的泛应用，高校图书馆在原有的馆藏基础上，大多筹建了声像室、电子阅览室等，为用户提供了大量计算机、视听等设备来辅助阅读，并且利用因特网页面发布搜集到的各种信息资料，数字化馆藏资源等，通过开设文献检索课等多种教育途径指导用户阅读，培养用户多方面的能力。

现代高校图书馆的教育模式不仅要传授单一的知识，而且还要帮助用户掌握良好的学习方法和科学研究方法，即“以人为本”，培养人对各种信息的获取、分析、处理的意识和能力，体现在“授人以渔”的智能开发教育模式上。现代高校图书馆的教育，由传统单一提供文献资料的服务式教育拓展为培养用户能力的课堂式教育。

在传统的图书馆里，提供给用户的往往只是大量的原始文献以及简单的一次、二次文献的编制。随着机读目录的出现，数据库技术和用户信息需求向纵深发展，现代图书馆将从以文献为单元的信息加工模式转向以知识为单元、以信息和数据为主体的信息加工模式，并借助计算机网络和其他信息技术使信息产品获得充分传递。现在高校图书馆不仅保持着传统的内阅、外借及书目查询等浅层次的信息服务，同时还积极参与到教学科研建设中，开发网络信息传递，情报检索，课题查新，编制二次、三次文献等深层次的服务内容。

学校常规课堂式教育的目标主要是偏重于传授专业知识和专业技能，而扩大学生知识面、培养“一专多能”的复合型人才的素质教育则要靠图书馆来完成。因此，现代高校图书馆的教育目标不仅仅是配合学校课堂教育的需要，辅助学生完成学业，而更重要的是帮助学生拓展知识面，培养学生的自学能力、研究能力、思维能力和创新能力。具体表现在：一是对学生进行获取各种信息的意识和能力教育，包括印刷型文献资源的检索、数据库的检索、网络信息资源的检索等；二是对学生进行分析、处理、驾驭各种信息的能力教育，包括对信息的分类、筛选、取舍、利用等；三是对学生进行创新能力的教育，包括对信息的辨别、问题的分析、学科前沿的了解以及创新意识的培养等。

综上所述，网络信息为图书馆教育功能的发挥提供了一个硕大无边的信息海洋，从而引发了一场学习的革命，从本质上讲是引发了教育的革命，使学习型社会的形成具备了物质技术基础。与此相适应，网络环境下的高校图书馆也要创新服务模式，更好地发挥教育功能：

高校图书馆的教育功能就是配合学校教学、科研工作的需要，对学生进行智力开发、综合培养，使其成为社会主义现代化建设的合格建设者和可靠的接班人。

高校图书馆的教育功能包括以下几个方面：一是配合学校德育工作进行大学生的德育教育；二是配合学校教学的具体目标进行专业教育；三是配合学校培养人才的总体目标进行综合教育；四是进行文献、情报信息教育。

第五章　图书馆文化管理与构建

第一节　图书馆文化的兴起及本质

一、图书馆文化的兴起

从企业文化的兴起来看，企业文化的兴起缘于企业管理的发展。

任何一个组织功能的发挥都需要管理，企业本身是一个管理的组织，但管理的背后是文化，文化的不同造成管理风格和模式的不同。彼得·德鲁克(现代管理学之父)曾指出，管理以文化为基础。从企业管理的发展阶段来看，文化则是管理发展到一定阶段和社会竞争的产物。企业管理经历了分权管理、跨国经营、矩阵组织和战略经营等阶段，才随着企业内外部环境的变化、社会竞争的日趋激烈，特别是企业员工的文化素质不断提高、参与管理的意识不断增强，迫使企业必须不断地改善管理，创新管理理论，以弥补偏重理性的传统管理模式的不足，这就催生了企业文化。

图书馆管理也经历了这样一个过程。管理是图书馆实现既定目标的过程中所采用的手段。图书馆管理经历了从管理书籍到管理制度最终意识到图书馆管理是对人的管理的过程。从管理理论的演化过程中我们不难发现，无论哪种管理理论都是针对人的，都在研究人的动机和需求。而管理理论的演化过程正反映了对人的动机和需求的研究在不断深化，新的管理理论总是在不断发现和强调人之所以为人的文化需求和文化人特性，例如人是有思想的、人是有感情的、人是有各种需求的等。这也就最终提出了文化管理这一概念。现代图书馆管理的核心就是对人的管理，要想通过管理实现图书馆的目标，我们必须重视图书馆人的文化特性的研究，引入“以人为本”的文化管理制度，形成以人为中心的管理文化。这就产生了图书馆文化。

第五章　图书馆文化管理与构建

图书馆文化是图书馆管理创新的结果。从20世纪90年代开始，全球进入知识经济时代，许多新思想、新理念、新技术、新知识相继产生。国内外管理理论的研究表明，决定社会发展竞争优势的是人才和科学技术的优势，而决定人才、科学技术优势的是创新，所以强调创新已成为现代管理的时代趋势。再加上图书馆原有的一套管理模式已不能适应新世纪的运行特点，图书馆要更好地生存与发展，就必须对传统的管理理念和方式方法进行扬弃和取舍。通过改革创新，建立起一套崭新的管理运行机制，以适应社会发展的需要。管理上的创新能使图书馆打破常规，改革管理工作流程，大大提高管理效率；能使图书馆以敏锐的观察力，密切关注未来变化的新趋势、新动向、新问题，从而能以超前的意识果敢决策，适应未来发展的要求。观念创新是管理创新的前提，是创新得以成功的保证。观念创新就是确立现代的管理意识，解放思想，彻底改变那种以藏为主、重藏轻用、被动服务、封闭自守、各自为政、浪费文献资源的落后藏书格局。要把图书馆管理创新作为管理目标，以创新观念和创新行为来加强图书馆的管理，对图书馆的业务管理和文献资源体系进行创新，进一步加强对电子技术、网络技术和数据库技术的应用，对图书馆的管理理念、思路进行变革，使图书馆的服务和管理提升到新的高度，由职能型文献信息收藏机构变为研究型服务机构。高素质的群体是组织实现创新的主要力量来源，人员素质是图书馆系统诸要素中最积极、最活跃、起决定作用的因素，决定图书馆工作的效率和质量，决定图书馆事业的前途。只有人才能充分利用图书馆的现有文献资源为读者服务、为教学和科研服务。图书馆的服务质量好坏，效率的高低都取决于图书馆员。因此，图书馆的管理创新重要的是人力资源的管理。只有知人善任，人尽其才，才尽其用，扬其长、避其短，根据每个人不同的性格和才能确定不同的工作岗位，才能最大限度地发挥其所长，激发每一个工作人员的积极性和创造性，发挥最大潜能，使管理与服务均达到最佳效果。

在改变原有管理观念，充分重视人的主观能动性的基础上，图书馆文化，作为与企业文化相对应的概念，率先由美国图书馆管理学者作为组织管理研究新思考而提出，以提高图书馆这一传统文化中心的管理水平。

中国正式提出“图书馆文化”这一概念，是在20世纪90年代初期，据国内文献调查，较早关于图书馆文化的专论是发表在《黑龙江图书馆》1989 年第 3 期上的王胜祥所著《论图书馆文化》一文。当时的企业文化正如火如荼地开展，并彰显出传统管理所达不到的管理效果，如去过麦当劳的人都会有一种感觉，它不同于国内的一些饭店，区别在哪里呢？企业文化不同。如对顾客的空调会永远开放，而员工办公室里，只会开一个小小的风扇。从一件小事上就能体会麦当劳人维护企业利益和形象的素质。这不是靠死板的管理制度就能达到的效果，靠的是长期以来树立的企业文化。图书馆的产生和发展源于文化，又为发展文化服务，并在长期的生存和发展过程中形成了自己所特有的文化。这种特有的文化体现一个图书馆的馆风、馆貌和管理状况，会对馆员和读者产生强大凝聚力、感召力、规范力和约束力，产生不断的动力源泉；并能够创造出积极、和谐、向上的工作氛围，对图书馆的发展起着巨大的推动和促进作用。图书馆文化建设的好与坏，关系到图书馆的社会地位、社会形象，乃至整个图书馆事业的繁荣和发展。因此，图书馆工作者也越来越清醒地认识到，在图书馆管理中注入图书馆文化建设因素的重要性。许多学者和图书馆工作人员从不同角度，用不同的方法对图书馆文化进行了研究，并取得了一定的研究成果，大部分学者在图书馆文化现状的基础上，科学地研究了图书馆文化所涉及的历史渊源关系，倡导批判性地继承历史传统、建立充满时代精神的新型图书馆文化体系等内容，主要内容包括保持和发扬历史上一切优秀的图书馆文化、科学地认识和了解国内外图书馆文化发展的最新动态、加速我国图书馆文化建设、研究图书馆文化史、文化现象等方面的研究成果，对于建设信息时代新图书馆文化具有重要的借鉴作用。

二、图书馆文化的本质

所谓事物的本质，其实就是对事物本源特性的认识。文化的本质是人脑机能的外延——人类生命演化过程的特定标记。所有文化的发源与发展都离不开大脑，脑是宇宙演化出生物后的又一里程碑式的演化成果。所有的人类文化都与人类意识紧密相连，而意识则是人脑的主要机能。因此文化首先是一个民族、社会的精神现象，非物质性是它的第一要义，其次，文化这种精神现象又确实是一种实在的社会存在。文化本身便是一个名词化的动词概念，它反映人类能动改造世界的创造性本质，及改造与被改造、创造与被创造之主客体关系。在文化的产生与发展过程中，一方面是有意识有目的的人类劳动的对象化(外化)；一方面是自然物和文化创造物的主体化(内化)。在主体方面，文化是其创造性能力；在客体方面，文化是物化其中的主体创造本质或本质力量。因此，对主体来说，文化表现为一种个体素质而独立存在；对客体来说，文化则表现为一种结构质而客观存在。因此，我们可以说，文化是人类在改造自然、社会和人自身方面进行的活动以及这些活动所取得的客体化成果。这就是文化的本质。

从科学管理的主要人性假设来看，刚开始人类进入工业社会时，管理理论注重管理职能、组织方式等效率问题，相应地，泰勒就提出“经济人”假设。而到了现代管理理论阶段，越来越重视人的心理和行为对管理的影响，梅奥就通过实验发现了“社会人”假设。而到了信息化社会，战略管理已成为主要管理理论，管理理论都围绕“学习型组织”来研究，人的主体性也越来越受到重视，就出现了“主体人”假设。“主体人”假设出现在20世纪70年代末期美国诞生企业文化理论后，这种假设说明，人是企业文化的主体，是人在企业物质生产过程中创造了企业文化。这就说明企业文化的第一本质是“以人为本”。从“主体人”的假设，我们也可以推断出人应当也是图书馆文化的主体，是创造和维护图书馆文化的主体。所以图书馆文化的第一本质也应当是“以人为本”“以文化人”。从图书馆文化的定义，我们可以看出，图书馆文化是一个图书馆在长期的发展过程中，所形成的具有本馆特色的文化观念、文化形式和行为模式以及与之相适应的制度和组织机构，体现了图书馆人的价值准则、经营哲学、行为规范、共同信念及凝聚力。但是，图书馆文化的本质是什么?目前有很多种说法，现特举几例有代表性的如下。

(一) 三层次说

这种说法源于管理学家艾德·斯凯恩的文化定义。图书馆文化即图书馆组织文化，组织文化被分为三个层次：第一层“人工制品与创造物”，是组织文化的物质层面，包括图书馆建筑、设备、装饰和环境等，反映图书馆物质形象方面的文化；第二层“标榜的价值观”是中层文化层次，指图书馆在管理、服务活动和人际关系中产生的行为观念，包括图书馆目标、道德准则、图书馆制度、人际关系、图书馆传统和习惯等，它是以行为为形态的中层组织文化；第一层是组织文化的核心层，为组织的基本假定，它是一种以意识为形态的深层次文化，反映追求志向和决心以及行为的总体倾向。表层和中层文化由核心文化决定。核心层文化又由五个方面构成，即：人类活动的本质，与时间、空间的关系，人性的本质，与环境的关系，人际关系的本质等。

（二）两种文化总和说

这种说法认为图书馆文化是指图书馆所创造的物质文化和精神文化的总和，物质文化是显形文化，包括图书馆的馆藏、建筑、设备和装饰环境等；精神文化是隐形文化，包括图书馆所形成的具有自身特色的思想、意识、观念和心理状态以及与之相适应的制度、组织和行为模式等。这种观念被大多数的图书馆文化研究者所接受。

（三）文化氛围说

这种观点认为图书馆文化是指图书馆全体职工在共同的工作、生活中形成的一种文化氛围，这种文化氛围包括由人类的图书馆活动或其产物中的形态、风格、色彩、特征、特性、范围及其所包含的知识、技术、艺术等要素构成的氛围场而共同产生的一种(包括凝聚力、创造力、影响力等在内的)综合力。图书馆文化是一种氛围，是一种综合力。这种综合力，是图书馆文化的本质属性。氛围说认为，图书馆文化是以人类的图书馆活动及其产生的一切为成因所形成的独立于“精神财富”与“物质财富”以外的文化氛围，是一种综合力，充分表明了图书馆文化独特的本质特点：图书馆文化并非实体，而是一种氛围，一种综合力，具有群体性、动态性、多元化、多功用等特点。

（四）精神现象说

这种说法认为图书馆文化是指图书馆在长期为读者服务的管理活动过程中，

在一定的社会历史环境下逐渐形成的一种独特的价值观、行为方式、管理作风、图书馆精神、道德规范、发展目标和思想意识等因素的总和。它集中体现了图书馆的精神风貌和理论水平。是以物质为载体的各种精神现象，是图书馆的“意识形态”。

（五）管理学属性说

这种说法主要是从图书馆文化理论诞生的原因和图书馆文化的运用过程来认定的。图书馆文化诞生后，各图书馆都是在日常的管理实践中，以图书馆文化指导管理行为，塑造图书馆的整体形象，培育图书馆人的群体意识、价值观念和行为准则，这些明显的管理特征将图书馆文化定位于管理学范畴。

（六）服务文化论

这种说法认为服务是图书馆文化的最直接表现，图书馆文化是图书馆运作的机制，是运作过程中的关系，是服务传统，是藏用习惯，是人员素质，是读者感觉，是一切活动背后的认识和规定，是无处不在又无形可循的图书馆意念和规范。它以服务价值观为核心，以创造客户满意为目标，以形成全员共同的价值认知和行为规范为内容。服务作为一种管理型文化，是经济、文化一体化的产物，只要有服务行为和服务内容存在，就有服务文化存在。图书馆服务工作是向广大读者提供文献信息，满足人们学习需求的一项活动。从价值链分析看，这种服务性劳动不但可以创造价值，而且可以提高图书馆的信誉，增加美誉度，创造无形价值。

因此，图书馆文化实质上就是广义的服务文化：

（七）亚文化形态说

这种说法认为，图书馆文化作为一种文化形态是社会文化的一个有机组成部分，是整个社会文化系统的一个子系统，具有大文化的共性和亚文化特征。图书馆文化是图书馆在长期发展过程中，受政治、经济和社会文化等环境综合作用而逐步形成的，其最重要的职能即提高全体图书馆成员的综合文化素养，即建立共同遵守和信仰的，维系或推动图书馆生存或发展的，具有图书馆特色的事业信仰、战略意识、经营哲学、价值观念、思维方式、伦理意识、美学水平等，是指导从事文献信息工作者工作的哲学体系。

以上的各种说法从不同的角度阐述了图书馆文化的本质，不存在什么矛盾，也没有正确与错误之分。任何事物都具有现象和本质，都是现象和本质的统一，图书馆文化也是如此。只看到图书馆文化的现象，就只能罗列现象和整理现象，对图书馆文化的认识就只能停留在表层，而对事物本质的认识必须透过现象看本质。从图书馆文化的产生和发展、传承和积累，可以接触到许多图书馆文化现象，通过这些现象，可以认识到图书馆文化的本质。对图书馆文化的本质应当从发展的观点来把握，如同别的文化现象，图书馆文化也是一个发展的事物，在发展中形成，在社会历史发展中丰富和变化。

文化是人类在改造自然、社会和人自身方面进行的活动以及这些活动所取得的客体化成果。这就是文化的本质。而人是文化活动的主体，凡是历史和现实中可以称之为文化的东西，都是文化创造主体人的本质。文化的本质和人的本质可以完全统一于图书馆文化之中，图书馆文化中的价值观、行为准则、管理作风、图书馆精神、道德规范、发展目标和思想意识等，都是图书馆文化本质的反映，也是人本质的反映，所以说，图书馆文化的本质就是图书馆人、社会人与主体人三者之间本质的统一。

第二节　图书馆文化的核心要素

图书馆文化结构的基础部分，主要由图书馆文化中的图书馆哲学、图书馆价值观、图书馆道德和图书馆精神等图书馆的意识活动组成。这是图书馆文化中最核心的结构层次，是图书馆文化的源泉，是结构中的稳定因素。图书馆文化中最受社会、政治、经济、文化影响的就是结构的基础部分。就像植物一旦扎下了根，就会慢慢成长，处于比较稳定的状态，图书馆文化结构的基础部分，就像植物的根，是图书馆文化的决定因素，有什么样的结构基础，就有什么样的结构主体和结构的外在部分。

一、图书馆哲学

图书馆文化所提倡的图书馆哲学，同其他哲学一样，是图书馆理论化和系统化的世界观和方法论。图书馆哲学是图书馆全体成员所共有的对世界事物最一般的看法，是指导图书馆管理、信息交流、读者服务等活动，指导员工处理人际关系的基本原则。因此图书馆哲学是对贯穿于图书馆各种活动的统一规律的认识，是图书馆最高层次的文化，它主导制约着图书馆文化的其他内容和发展方向，是图书馆人格化的基础，是图书馆形成自己独特风格的源泉，是图书馆的灵魂和中枢，是对图书馆进行总体设计、总体规划的综合方法，是图书馆一切行为的逻辑起点和指导思想。

哲学与文化有着千丝万缕的联系。哲学是对人类各种文化思想的普遍性、法则性、系统性进行概括，并探寻其原生结构及其演变的研究任务。因此也被称为“文化哲学”，即哲学本身具有文化属性。哲学是一种高层次的文化形式，是关于世界观和方法论的科学。它以其特有的理性思维，回答人们关于“世界是什么”“人是否可以认识世界以及如何认识世界”“我们的‘存在’和我们的‘存在状况’是怎样的，因何而存在”等人生价值问题，并成为人们修身的依据和安身立命的精神家园。

马克思指出：真正的哲学都是自己时代精神的精华。我们知道求知是人类的天性。人不满足感官获得的关于世界的经验知识，他们不仅要知道世界万物的模样，而且要知道隐藏在世界万物之中的秘密，不仅要知世界其然，而且要知世界其所以然。哲学就是人在求知欲望的驱使下，对一切引起自己兴趣的个别事物，追问其本源、本质、共性或绝对、终极的形而上者的思考与探索。从感知认识个别具体事物或个别具体世界出发，通过概念抽象和逻辑思维，发现世界万物具有的一般规定和规律，发现绝对抽象事物、发现世界的终极本质和意义，在此基础上确立哲学世界观和方法论，是古今中外各种哲学认识实践活动具有的一般形式特征。所以说，哲学是世界观和方法论的理论体系，是一种社会意识形态，它同政治、法律、道德、艺术、宗教等思想观点一起，构成一定的社会普遍存在体系。

同时哲学作为各种具体科学知识的概括和总结，又同其他各种具体知识一起，构成人类的知识体系，即哲学是万学之学。一切具体的存在和发展都必须遵循抽象的规律，一切具体的应用学科都应该遵守抽象的哲学原理。马克思所指的时代精神，是一定时代的内容的本质特征的表现，一定时代的内容是多方面的，哲学对构成时代内容的所有科学文化知识进行概括、总结和升华，是从总体上把握时代的内容，集中反映时代的本质特征，从而体现着时代精神的精华。哲学是理论化、系统化的世界观，在整个社会意识形态体系，整个人类精神世界，乃至整个人类文化和文明中，都处于核心地位，起着统摄一切的灵魂的作用。人的精神世界不是在人脑中凭空建立起来的，而是在人与外界发生关系的过程中通过活动的内化而逐步形成的。精神世界形成以后，在人同外界发生关系的活动过程中又作为先在的内部准备状态而起作用，制约着人与世界的关系的展开。哲学的世界观、方法论的作用就在于，它能对外部世界提出很多问题，这些问题可以扩充我们对于一切可能事物的概念，丰富我们心灵方面的想象力，并且减少教条式的自信，这些都可能禁锢心灵的思考作用。尤其在于通过哲学冥想中的宇宙之大，心灵会变得伟大起来，因而就能够和那成其为至善的宇宙结合在一起。即哲学作为价值选择的导航、指挥系统和特有的理论思维方式，能够开拓人类的思维方式，把精神世界中的各种因素有序地组织起来，并推动它们按照一定的程序、方式和方法协调地发挥作用，进行精神上的吸纳和创造活动。

图书馆哲学是图书馆最高层次的文化，它是对图书馆现象进行哲学思维的产物，是人们对图书馆现象的深层理解、感悟和诠释，是一种理论思维方式、价值观和方法论。图书馆哲学的功能价值在于用图书馆智慧指导图书馆实践，图书馆哲学以敏锐的、理性的眼光去洞察和透视图书馆实践，对图书馆实践进行哲学的判断，以它理性的洞察力和规定性，形成对图书馆实践及其与人生实践、社会实践的关系的图书馆智慧，真正用智慧参与到图书馆实践中去。图书馆哲学主导着图书馆文化其他内容的发展方向，不同的图书馆文化，必然造成不同的图书馆建设和发展。不同类型的图书馆，也会有不同的图书馆哲学。

图书馆哲学的研究对象包括：①图书馆规律，包括图书馆现象的社会本质及功能、图书馆现象的内在运行机制及其矛盾关系；②图书馆认识规律，包括图书馆认识方法，图书馆学理论研究与图书馆实践发展之间的辩证关系，图书馆理论与实践的继承、发展与创新、变革的矛盾运动；③图书馆指导规律，即研究指导图书馆实践的各种辩证法问题等。其根本问题是解决图书馆中人与人、人与物、人与发展规律之间的关系问题。从哲学的角度来看，人类所处的环境尽管错综复杂，生动多样，但归根结底就是两类现象：物质和精神。人类的活动是同这两类现象打交道，图书馆文化活动也是同这两类现象打交道。哲学主导图书馆文化的实践活动，就是不断地解决思维和存在、精神和物质之间关系的矛盾，并且在这个矛盾的产生和解决中前进。

图书馆哲学可分为三个层次。第一层，即核心层是“图书馆为什么存在”，即解决图书馆存在的价值，即“我是谁，who”的问题，就是图书馆的使命、图书馆存在的价值或意义。它跟图书馆的发展阶段、图书馆的精神密切相关。这个结论与马斯洛的需求层次论相吻合。图书馆发展的根本问题，就是如何在时代的洪流中站稳脚跟，即需求层次中最底层的生存需要；其次是图书馆存在的价值，图书馆之所以存在，是因为有其存在的价值；最高一层就是自我价值的实现，这就是图书馆哲学的境界。第二层，图书馆的发展目标，即“成为什么”的问题，是愿景问题。图书馆的愿景是全体人员为之奋斗的目标，具有前瞻性、挑战性、艰苦性和可操作性等特点，起激励人心的作用。第三层，图书馆如何生存，即“怎样，how”的问题，这一层涉及的内容最广泛，是图书馆发展中核心竞争力的体现。

总之，图书馆必须着眼于培养图书馆人的哲学思想，以转变观念和思维方式，正确处理图书馆中馆员与馆员、馆员与读者、读者与服务者等关系，统一全体员工的思想，以马克思主义哲学为指导，树立正确的世界观和方法论，确立具有特色的新观念，如新物质观、新价值观、新道德观、新知识观、新信息观、新系统观、新创新观、新效益观等，以构成新世纪图书馆哲学的基本思想，促进图书馆文化建设。

二、图书馆价值观

图书馆文化内容非常之广泛，但无论多宽泛的内容，都会有一个核心，图书馆文化的核心，就是图书馆的价值观。图书馆价值观是图书馆哲学思想体系的核心，也是图书馆文化的核心，它主导和支配着图书馆文化的其他要素。如图书馆宗旨体现图书馆的根本追求和精神归宿，它从图书馆的发展目标和方向上反映图书馆价值观；图书馆信念体现图书馆群体对自己工作和生活中应遵循的原则和理想的信仰，就是对图书馆的一系列价值观的信奉；图书馆职业道德和行为准则，都是图书馆价值观功能发挥的必然结果，它在思想上、品德上和行动上具体体现了图书馆的价值观；图书馆风貌，是建立在图书馆信念、道德规范和行为准则之上的表现，是图书馆价值观的外部表现，并形成图书馆形象。

价值观是社会成员用来评价行为、事物以及从各种可能的目标中选择自己合意目标的准则，是关于事物价值的看法和观念，指人们对客观对象的意义、重要性的总看法、总观念，对客观事物的总评价。价值观通过人们的行为取向及对事物的评价和态度反映出来，是世界观的核心，是驱使人们行为的内部动力。它支配和调节一切社会行为，涉及社会生活的各个领域。图书馆价值观即指读者、社会对图书馆的本质、功能、任务、构成、标准和评价的根本看法和态度，是读者或社会从自身的需要和图书馆能否满足读者或社会的需要以及如何满足读者或社会需要的角度，考察和评价图书馆的精神现象及图书馆服务对读者、政府、社会的意义。它往往表现为信念、信仰、理想、追求等形态。这些观念是图书馆领导对图书馆目标与服务方式的取向做出的选择，也是图书馆员工对图书馆存在意义的总评价和总看法趋于一致时所形成的观念，是员工所接受的共同观念，是长期积淀的产物，图书馆价值观是图书馆员工所共同持有的，是支持员工精神的主要价值观。图书馆的活动从根本上来说，来自价值观对图书馆员工群体的感召力、向心力。这种价值观常常体现为一种崇高的目标和远大的抱负，激励图书馆员工形成强烈的群体意识和归属感，在人的人性中有对利益的追求，也有对精神价值的追求，正确引导图书馆员工对精神价值的追求，员工就会把图书馆的工作当成实现自己人生目标的不间断的进程，图书馆的价值目标也会因此上升到一个更高的层次，达到新的境界。

图书馆价值观是图书馆文化的核心，它决定和影响着图书馆存在的意义和目的、图书馆各项规章制度的价值和作用、图书馆中员工的各种行为和图书馆利益的关系等，是图书馆生存发展的内在动力，为图书馆群体形成共同的行为准则提供基本方向和行动指南，是图书馆员工在任何情况下都必须坚持的终极标准。

图书馆价值观受图书馆哲学影响。图书馆哲学不同，必然导致图书馆价值观念的不同。如传统图书馆的以藏为本的图书馆哲学，就会形成一切以有利于文献收藏为标准的价值体系；而现代图书馆以人为本的图书馆哲学就会形成一切有利于人的自觉性发挥为标准的评价体系。评价体系的不同直接导致图书馆管理行为和规章制度的不同。前者重视文献的收藏，强调文献保存文化的功能；后者则重视通过文化的手段，发挥图书馆员的自觉性来提高文献信息的利用价值，强调的是文献的传播和教育职能。

如同价值观念是后天形成的，是通过社会化培养起来的一样。图书馆价值观也不是先天就有的，而是在图书馆发展过程中逐步确立的。图书馆价值观是以图书馆中各个个体价值观为基础的，家庭、学校等群体对个人价值观念的形成起着关键的作用，其他社会环境也对个人价值观的形成有重要的影响。个人价值观有一个形成过程，是随着知识的增长和生活经验的积累而逐步确立起来的。个人价值观一旦确立，便具有了相对稳定性，形成一定的价值取向和行为定式，是不容易改变的。因此，图书馆价值观在一定程度上是受社会的总价值观影响的。但就社会和群体而言，人员不断更替和环境变化，社会或群体的价值观念又是不断变化着的。传统价值观念会不断地受到新价值观的挑战，这种价值观冲突的结果，总的趋势是前者逐步让位于后者。价值观念的变化是社会改革的前提，又是社会改革的必然结果。

图书馆的价值观，按照科学与人文两个分支，可以将图书馆价值观分为两类，即图书馆的科学价值观和人文价值观。科学价值观是指图书馆对图书馆现象和社会所持的科学型判断标准或者对科学现象所持的态度，包括图书馆应该坚持现代主义思潮，如尊重理性和知识，坚信真理的存在，倡导科学技术创新，秉持科学精神，创新图书馆服务和图书馆职业的理论知识，提倡阅读社会的构建等。人文价值观是图书馆以人文的标准和原则，即以平等、自由和人权作为判断是非的准绳，判断图书馆职业的各类问题和现象，包括注重人文关怀，坚持任何人可以平等、自由地使用图书馆，坚持图书馆应该关注社会弱势群体的信息和知识需求，倡导宽容、公正等。

三、图书馆精神

德国著名社会学家马克斯·韦伯在《新教伦理与资本主义精神》一书中提到：透过任何一项事业的表现可以在其背后发现一种无形的，支撑这一事业的时代精神力量，在一定条件下，这种精神力量决定着这项事业的成败。精神是奋进的动力和不屈的脊梁，图书馆作为一种职业、一项社会事业和文化教育机构，绵延千年，其产生和发展自有其深刻基础和内在机理。透过图书馆机械而复杂的工作表象，我们也发现存在着一股无形的力量在支撑着它，这就是图书馆精神。图书馆精神，也有称之为图书馆职业精神，研究者给出了如下定义："图书馆从业人员在对图书馆整体利益认识的基础上，逐步形成的对图书馆职业所承担的社会神的鲜明的个性。

（一）客观性

图书馆精神是图书馆现有客观条件的反映，现有的客观条件包括馆藏文献资源、硬件设施、工作人员素质、服务方式和工作人员生活方式等方面，只有能反映图书馆客观实际的精神才能起到指导图书馆实践活动的作用。因此客观性是图书馆精神最根本的特征。

（二）群体性

图书馆精神是全馆工作人员共同拥有、普遍遵循的理念，这种精神在它的萌芽时期可能只表现在少数楷模身上，但它经过领导者精心倡导、培育和全体员工的体验与发展，就会发育，并逐渐走向成熟，成熟的图书馆精神是群体意识和共同理想的反映。图书馆的工作绩效取决于这种精神在图书馆内部的普及和渗透程度，这就是图书馆精神的群体性。

(三) 动态性

图书馆精神是对工作人员中存在的服务意识、文明意识、道德意识及理想、目标、思想面貌的提炼和概括，从它所反映的内容和表述的形式看，都具有相对稳定性，但这种稳定是相对的，图书馆精神是需要随着时代的变革及馆内外环境的变化而不断发展的。首先，图书馆精神是时代文化精神的体现，是图书馆个性和时代精神相结合的产物，时代精神是在不断发生变革的；其次，随着科技发展和社会对文献信息服务工作需求的不断变化，图书馆的服务方式 j 服务深度和服务内容也需做出与之相适应的改变，这就要求图书馆不断充实、丰富和升华图书馆精神的内涵。

(四) 卓越性

图书馆精神是图书馆最先进意识和向上风貌的反映，其中必然内生有创造、创新、进取、求精和追求等卓越意识基因，这决定了图书馆文化精神具有卓越性的特征。

四、图书馆道德

道德指衡量人们行为正当与否的观念标准。一个社会一般有社会公认的道德规范。只涉及个人、个人之间、家庭等私人关系的道德，称私德；涉及社会公共部分的道德，称为社会公德。道德是有层次的，依次为：滞后于现实的落后的道德、符合现实的一般道德和超越现实、与先进文化同步的高尚道德。道德的评价标准为善与恶、公正与偏私、诚实与虚伪、正义与非正义等，以社会舆论、传统习惯和信念来维持，包括道德原则、道德规范和道德活动等。

图书馆道德是调节人们自身行为的一种自律手段，是调节图书馆与社会、图书馆上下级、图书馆与员工、员工与员工、员工与读者之间关系的行为规范的总和。它包括一切约束图书馆经营行为与社会行为的规范与制度：法律、行政、社会规范、伦理道德、职业道德等各方面的约束与规范，都是图书馆道德所涉及的内容。具体包括政策性道德(即图书馆的一切活动必须在政策或法制的规定之内进行)、市场性道德(指按照信息服务市场竞争规则和竞争秩序，在不损害竞争对手利益的基础上，以公正的手段获取利益最大化)、公益性道德(即不破坏公共环境、违背社会公共秩序规则)、自我性道德(指馆员自身的素质、思想、品质等不违背习俗、职业或普遍道德规范)。图书馆道德是图书馆文化之根本。用道德的力量去规范图书馆行为，对保证图书馆提高竞争力有着不可估量的作用。这种特殊的意识形态和行为规范，贯穿于图书馆信息服务工作的始终和图书馆管理活动的各个层面，对图书馆文化的其他因素以及整个图书馆的工作质量和效果都有深刻影响。图书馆道德具有以下特点。

（一）与社会道德既有一致性，也有独特性

图书馆道德是社会道德的重要组成部分，是社会道德在图书馆行为中的具体化、对象化和补充。图书馆道德反映了社会道德的基本精神和要求，这就是图书馆道德与社会道德的一致性；但同时图书馆道德产生于图书馆特定的工作性质，是图书馆在进行信息服务过程中所遵从的特定道德规范和道德要求，这就是图书馆道德的独特性。高尚的图书馆道德是先于社会道德而产生的，是社会道德中的先进因子，显示着社会道德的发展方向。

（二）与图书馆规章制度既有统一性，又具有独立性

统一性表现在图书馆道德是制度行为文化，它与图书馆规章制度都是调节图书馆人员行为的力量。规章制度的内容体现着图书馆道德的基本内容；而图书馆道德渗透在图书馆的规章制度中，通过有关的条例和制度等形式发挥作用。但同时，图书馆道德又是独立于规章制度之外的。规章制度要求人们“必须这样做”，是一种对禁止性后果的确认，是靠强制力实现的。而图书馆道德要求人们“应该怎样做”，不是靠强制力来实现的，而是通过倡导某种先进的道德风尚来实现的。

（三）稳定性

图书馆道德是同图书馆的工作性质、馆员的职业生活以及职业要求相适应的。图书馆的工作性质、馆员职业性质和工作岗位具有相对稳定性，因而在具体的工

作过程中，会形成比较稳定的职业心理、职业习惯和职业道德评价标准。这种心理、习惯和评价标准等铸成图书馆工作人员稳定的道德品质，这就是图书馆道德的稳定性。

第三节　图书馆的文化塑造与建设

一、图书馆文化塑造与建设的程序

（一）组织力量，调查研究文化现状

建设一种新的图书馆文化，必须组织人员以相应的组织形式，对现有的文化进行调查研究，把握图书馆现有的文化状况、了解图书馆人员对现有文化所持的态度，对文化影响因素进行分析，对现有文化的优势、劣势及总体适应性做出适当的评价，为塑造图书馆文化模式提供科学依据，提高塑造图书馆文化模式的成功率。

调查研究的主要内容包括图书馆的信息服务范围及其服务特点、图书馆发展史、图书馆管理和服务的成功经验及优良传统、图书馆领导者的个人修养和精神风范、图书馆员工的素质和需求特点、图书馆现有“文化理念”及其适应性、图书馆发展过程中面临的主要矛盾和障碍、图书馆所在地区的经济与人文环境等。调查研究要遵循客观事实，不能主观臆想；要全面综合考虑各种可能影响图书馆文化塑造的因素，不能以偏概全；要讲求实效，不能拖拖拉拉；要在调查前做好计划步骤，不能漫无目的。

（二）提出问题，设计理念

图书馆文化理念的设计，是在分析、总结和评价图书馆现有文化状况的基础上，充分考虑到图书馆内外环境因素的影响，由图书馆的领导和决策层先提出塑造图书馆文化模式的意向，明确塑造图书馆文化模式的目的和意义，再用确切的文字语言，把占主导地位的图书馆价值观、道德观和行为准则表述出来，形成固

定的文化理念体系，最后通过各种形式教育、发动图书馆员工，使他们充分认识到在信息时代图书馆文化塑造的重要性和紧迫性，把思想和行为统一到塑造图书馆文化总的部署上来的过程。

图书馆文化理念体系的设计大体包括以下内容：图书馆事业性质、图书馆的使命和服务目标、图书馆的基本价值观、图书馆的伦理道德和职业道德、图书馆的精神风尚、图书馆的服务理念、服务规范和服务方针、图书馆管理理念、图书馆的人才观和员工基本行为准则、图书馆的主导理念和文化形象定位等。

（三）设计规划，论证实验

设计规划是根据图书馆文化的现实和发展愿景，在调查分析的基础上制定的塑造图书馆文化模式的方案。制定规划有助于明确图书馆文化模式塑造的目的、有计划地进行图书馆文化模式的塑造工作，促进图书馆文化模式的社会效益和经济效益的实现。设计规划要做到全面与重点相结合、主观与客观相结合、独创性和连续性相结合、计划性和灵活性相结合等，做到对图书馆文化定位准确、指标明确、内容科学、措施可行，对图书馆原有文化评价公正。规划制定以后，要进行反复的论证，并在经过选择的区域内进行推行实验，从经验和实践两个方面充分论证规划的可行性，通过论证与实验寻找建设图书馆文化的突破口，争取以较小的代价获得最大的收益。论证得依靠广大员工，充分发挥员工的积极性和主动性，民主与集中相结合，用科学的论证方法，以确保规划实施以后，可以取得预期的效果。

（四）灌输理念。促进执行

图书馆文化是图书馆未来发展的生命线和图书馆命运共同体的精神纽带。图书馆文化理念定格后，就要积极推广，创造条件付诸实践，并巩固下来。

要使已定格的图书馆文化理念能够在较短的时间内得到广大职工的认同并付诸实践，坚持不懈的灌输和有效的传播是必不可少的。这是对图书馆领导提出的要求。对有些与图书馆价值观体系相背离员工的同化，不是一蹴而就的，而是一步一步慢慢教化的过程。对于领导者来说，向下属和员工灌输卓越的价值观，要抓住一切的机会，采用一切可以使用的手段。具体措施有：组织编写图书馆文化手册、举办文化理念导人仪式、强化文化训导、开展文化演讲和传播活动、利用或“制造”重大事件、建立文化网络、营造文化氛围等。

理念如果不变成实际行动，就只不过是空洞的口号。如果无法执行，就没人信服。必须将理念转换成图书馆管理活动的具体措施。如图书馆本身作为一个组织，如何对待经济效益和社会效益就反映着不同的文化理念：是把经济效益看成是图书馆的最高目标，还是把尽可能满足用户需求、为社会提供信息资源等社会效益视为图书馆的最终目标。当社会效益与图书馆经济效益发生冲突时，一个图书馆如何做出选择，无疑取决于图书馆的价值观。

（五）评估调整，巩固效果

在创造良好的文化环境基础上，还应当对文化理念实施的效果进行衡量、检查、评价和估计，以判断其优劣，调整目标偏差，避开文化的负效应，并通过有效的形式，强化和固化文化理念的正效应，使先进的文化理念变成员工可执行的规范、可模仿的标版，使塑造的图书馆文化模式健康、稳定，向正确的方向发展。评估调整要注重实效，设立评估目标，建立全面的评估指标体系，广泛收集信息，并采用科学的评估方法，按确定的标准进行判断。如果对评估存在意见分歧，应通过沟通商量，达成一致意见。

通过对图书馆文化的评估调整，图书馆文化的塑造已初步形成，至此，大规模的图书馆文化塑造工作已经完成，图书馆文化的功能已然显示出来，图书馆和员工开始从文化中获益，人们对图书馆文化的态度由强制被迫向自觉性转变。但是，文化发展是一个螺旋式上升的过程，图书馆的文化模式也不是一成不变的。要通过否定再否定不断地完善自己。因此必须对文化理念的正效应进行巩固，巩固的同时，还要着眼于提高。具体可采取的措施有：积极创造适应新环境的图书馆文化运行机制条件；利用制度、行为准则和规范等进行强化；以各种活动为载体，推广图书馆文化；图书馆领导者以身作则，率先垂范；鼓励正确行为，建立激励机制；塑造品牌与形象，增加文化价值等。

以上五个阶段是相互联系的，在空间上有时几个阶段同时并存，在具体的实施中，要根据图书馆的现实，以科学的方法，合理配置人力、物力、财力。图书馆文化在实践中得到推广和巩固以后，尽管其核心的和有特色的内容不会轻易改变，但随着图书馆管理和服务实践的发展、内外环境的改变，图书馆文化还是需要不断充实、完善和发展的。因此执行程序需要创造性思维的指导。而这个程序也是灵活的，可以随时根据图书馆文化模式的塑造目的来调整。

二、图书馆物质文化建设与塑造

（一）图书馆馆藏文化建设

特色化馆藏文化是现代图书馆追求的文化之一，数字技术和网络技术应用于图书馆，最直接的影响是图书馆的馆藏资源，图书馆馆藏资源建设可以不再追求大而全，数字化和网络技术会让图书馆得到更多可利用的资源，图书馆从原来的单一的以纸质文献为主，发展到现代图书馆的馆藏信息资源虚实并存。这种传统与现代在许多图书馆结合得非常完美，使图书馆集自然科学与人文科学、传统文献与电子文献于一体，成为一个巨大的智力资源宝库，也就是当前所说的复合式图书馆，复合式图书馆的馆藏文化建设就是追求特色化，公共图书馆的特色馆藏往往与图书馆所在地的发展特色相关。

（二）图书馆设备文化建设

21世纪，人类已进入信息社会，数字技术和网络科学急速发展，其应用技术的迅速成熟和普及，使得当人们才刚开始将文献信息网络共享方案、元数据、知识管理、可获得理论等不断出现的新信息技术理论应用于图书馆研究中，希望通过图书馆联盟等方式实现馆藏资源共建共享的摸索与实践时，现代的信息产业已赫然给出了更为先进的从理论到成果的答案，其中尤以“Google”模式、“web2.0”等技术为代表。科学技术是第一生产力。图书馆更是先进技术应用的领域之一，图书馆的信息技术和设备的现代化反映了图书馆的信息化程度，决定着图书馆在信息社会中的竞争力，是优质图书馆文化物质载体的保证。在知识经济的今天，信息技术与设备对图书馆文化建设的制约作用越来越大，图书馆文化对信息技术和设备的要求也越来越高，在这方面，许多图书馆都有很好的实践。在图书馆设备文化建设中，图书馆越来越重视“人本文化”“生态文化”“智能文化”“数字文化”“网络文化”等建设。

（三）图书馆环境文化建设

首先，要注意图书馆环境与周围环境的协调，协调的图书馆环境不仅对图书馆和员工有利，更是吸引读者和创造好的社会效益的基础。其次，要注重图书馆的工作环境，不断改善员工的办公条件。

（四）图书馆建筑文化建设

图书馆建筑文化是图书馆物质文化的重要组成部分，从古至今，图书馆的建筑都非常重视文化特色的体现。如从我国古代建藏书楼开始，人们就开始注重环境的营造。古代藏书楼在选址和环境营造方面，注意自然景色的优美，也重视历史古迹、名人遗迹等人文因素，更强调人与自然环境的协调统一，表现了“天人合一”的理想追求。以讲学、藏书、祭祀为“三大事业”的书院，往往都建于景色极佳的幽静处，原因是古代经常战乱，名士纷纷隐居山林，聚徒授学，形成了书院远离市井的传统，还有书院“通天地人之谓才”的教学育才思想，决定了书院择胜而处，书院一切环境都是满足了“净心”“悦情”“深源”“妙用”天人结合的境界，显示了“亲民文化”(有选择性的民，当时指可以读书的人)、“人本文化”和“生态”“绿色”文化的完美结合。现代图书馆建筑的环境则更具文化特色。从建筑与环境设计的理念出发，环境建筑学的设计不是装饰自然界，而是希望发挥自然界的功能，或者希望建筑同自然景色一起发挥作用。现代图书馆受政治、经济、自然、地理、人文等诸多客观因素的影响，在选址上往往需要顾及很多问题，如拆迁费用、工程难度、扩展余地、城市发展规划、与读者群的距离等，如公共图书馆在选址时既要突出图书馆在一个地方、一座城市、一片社区文化事业的中心地位，又要考虑交通便利，毗邻自然和人文氛围，把馆舍建在公园一侧，或是江湖边，依山傍水，使图书馆与自然景色融为一体，大大丰富了建筑艺术，构成了城市中绚丽多姿的文化景点。如深圳图书馆，馆舍坐南朝北，南面、东南面和西南面为荔枝公园，湖面环抱，绿水清波，景色宜人，沿湖间疏建有 5 个琉璃亭台，其倒影在公园的人工湖中，形成轻巧别致的园林建筑。人们在游园之余认识图书馆，也在阅读之时融入园林景色之中。另外，草坪、花圃、雕塑、庭院等也加以精心设计，虽然人工造景有一些雕琢的痕迹，但也可巧妙地使人工之美纳入天然之美，荷塘、喷泉、假山、亭榭、树木、竹林过滤掉外界的喧闹，使空气清新，为读者提供良好的学习环境，同时也获得情绪的调剂和精神上的享受。现在一些高校图书馆也是如此，大学图书馆建筑选在校园里的中心位置，或者是校园人口处，不仅确认了图书馆在学校的支柱形象，而且突出了标志性的建筑效果。邵逸夫先生先后在全国高校捐建了 21 所大学图书馆，他赠款的明确要求之一就是：建筑标准要高于一般的教育建筑，华东师大新馆逸夫楼就地处校园中心，新楼层次错落，新颖独特，是莘莘学子求学、研究的场所。

三、图书馆精神文化建设与塑造

（一）图书馆价值观塑造

现代社会因素复杂多变，使得人们往往不再把生活的价值目标和意义视作确定无疑的，生活动荡不定使得人们难以形成同定不变的价值观念，许多人失去对生活意义的坚定信念，怀疑主义、相对主义、非理性主义随之蔓延。然而，现代社会却又要求人们对自己的生活抱有明确的态度，做出明确的自我决定和选择。人们需要相对稳定的价值观念支撑，需要在变动不定的世界寻求到一个安定的精神家园。

图书馆的价值观包含丰富的内容：人才观、财富观、时间观、质量观、服务观、信誉观、效益观、审美观、利益观、文明观等。但是由于图书馆文化的建设属个体行为，每个图书馆都建立自己的价值观，这些价值观尽管大同小异，但其中也不乏一些地方主义、狭隘主义的价值观。如同人类需要一个核心价值体系一样，图书馆界也需要核心价值体系来统领图书馆的价值观。图书馆核心价值观是图书馆人所追求的事业和理想、目标与原则，是图书馆职业的共同基石和最高使命。，其确立有助于图书馆员克服信心危机并提高图书馆员的自信心，有助于树立职业信念，并给图书馆员带来思想行为的判断标准。图书馆事业有了共同的价值观念，才能使组织成员在思想上保持一致，明确前进的方向和努力的目标。

图书馆价值观可分为核心价值观和非核心价值观。核心价值观是有关图书馆生存的最核心的理念。而非核心价值观是指可以根据图书馆战略进行调整的理念。

(二) 图书馆精神培育

图书馆精神是图书馆文化的灵魂和支柱，图书馆精神能将图书馆各方面的力量集中到图书馆的发展目标上来，有利于增强图书馆员工的凝聚力和向心力。图书馆精神一般要经历三个阶段，即图书馆精神的确认阶段、倡导阶段和深化阶段。确认阶段的任务是明确它的名称、内涵及其外延。一个图书馆的图书馆精神，应当首先遵守大图书馆精神，如国内学者眼中的图书馆科学精神包括“爱书”“维护图书馆人的职业权利与职业尊严”；范并思等倡导的“公共图书馆精神”——关注数字鸿沟和信息弱势群体、推动信息公平社会的建立；程焕文提出的“爱人”；叶继元总结的“利人”等人文精神等。在当代图书馆发展和建设过程中应体现科学精神与弘扬人文精神并重，走科学精神与人文精神和谐发展之路。

(三) 图书馆道德建设

图书馆要实现工作人员的行为和馆内所倡导的价值观和图书馆精神的统一，必须坚持道德高标准，即崇尚高尚道德，只有通过图书馆的道德建设，才能使图书馆制定的行为规范和规则，标准化为馆内工作人员的自觉行为，从而变成工作人员的无意识或潜意识行为，图书馆的价值观才能得以贯彻，图书馆精神才能得以弘扬。

图书馆道德中最重要的组成部分就是图书馆职业道德，很多研究者把图书馆道德等同于图书馆职业道德。图书馆职业道德是指图书馆、职工、读者以及周围社会环境之间相互关系的各种行为准则和规范的总和，包括职业责任、职业使命、职业良心、职业纪律、职业行为、职业荣誉等，它是围绕图书馆开展业务的全过程而生成、发展起来的，通过舆论和教育等方式影响图书馆员工的心理和意识，不带有强制性，且不以成文的形式出现，使图书馆员工形成内心信念等，使之成为约束图书馆及其员工行为的原则和规范。它是图书馆规章制度的有效补充，与制度相辅相成，共同实现图书馆文化的约束功能。

第四节　图书馆文化创新探索

创新是时代的呼唤是现实的要求，也是图书馆求生存发展的必由之路。作为图书馆发展本源的图书馆文化更是需要不断创新，唯有不断创新的图书馆文化，才是有生命力的文化，才能保证图书馆在信息化社会和大信息市场的竞争中保持超前的战略、先进的技术、适应时代的图书馆核心价值观和精神以及一个勇于创新的人才队伍。也唯有不断创新的图书馆文化，才能保证图书馆内部的团结和向上的工作热情、紧密的团队精神和凝聚力，从而保证图书馆的可持续发展。

图书馆文化创新是指为了使图书馆的发展与环境相匹配，根据本身的性质和特点形成体现图书馆共同价值观的图书馆文化，并不断以提高图书馆文化绩效为目标进行图书馆文化的创新和发展的活动与过程。图书馆文化创新的实质是要重构图书馆文化中的精神文化，突破与图书馆管理实际脱节的僵化的文化理念和观点的束缚，使图书馆和员工的精神能量得到充分的释放和发挥，实现向贯穿于全部创新过程的新型经营管理方式的转变。人的活动是受人的思想理念支配的，人同其他动物以及生物的区别就在于，人是有思想的，行为都应当是合理的，如果想要人的行为都具有合理性，首先要从思想层面上进行建设。面对日益深化、日益激烈的国内外信息市场竞争环境，越来越多的图书馆不仅从思想上认识到创新是图书馆文化建设的灵魂，是不断提高图书馆竞争力的关键，而且逐步深入地把创新贯彻到图书馆文化建设的各个层面，落实到图书馆经营管理的实践中。

图书馆既是历史文化的遗存地，同时也是未来文化的创造地。在历史的发展中，图书馆也往往成为促进历史和社会进步的文化场所。图书馆是人类文明发展到一定阶段的产物，它通过自己的运行机制，将图书荷载的社会意识、价值取向和科学理性思维根植于每个读者心中，变成一种精神力量，实现对每一个人的文化塑造。因此说图书馆对人的作用本身就是文化绩效在人的思想层面发生作用，继而影响人的行为的过程。

一、创新图书馆文化价值观念

在图书馆中，信息资源是基础，人力资源是本体，而文化是灵魂，价值观念是图书馆文化的核心，是图书馆一切活动的灵魂，它为图书馆生存和发展提供了基本方向和行动指南，既能影响和规范人的行为，协调人际关系，增强凝聚力，培育团队精神，又能统一思想，形成共识，引导馆员走向共同的目标。所以，图书馆文化创新的根本所在就是要大力培植先进的图书馆价值观。

当前图书馆的先进价值观包括以下几个方面。

（一）科学发展观念

坚持科学发展观，是图书馆文化建设得以全面、协调、可持续发展的根本保障，要从广大信息用户的根本利益出发谋发展、促发展，切实保证用户权益，最大限度地满足用户需要；要从国情和“馆情”出发，以图书馆传统文化为基础，在继承和创新中不断发展图书馆文化；要促进图书馆与用户的和谐气氛，倡导图书馆与用户共同创新型图书馆文化。

（二）图书馆大文化观念

图书馆文化建设关乎图书馆界整体的全局性利益。当前，我国的图书馆之间联系甚少，都是各搞单门独户，造成资源浪费和重复建设等现象。要确立图书馆联盟意识，以有利于图书馆文化建设的共同利益和整体发展为共同原则，搞好分工协调，搞好图书馆界大联合、大整合，形成图书馆联盟。

（三）人本观念

图书馆的一切活动都是围绕着人而开展，坚持以人为本，就是要搞好图书馆的人才建设和用户服务工作，搞好馆内人才管理，激励人才积极性，培养一批敢想敢干、敢于创新而又懂得现代图书馆文化的优秀人才，全心全意把用户服务工作做好。

（四）“用户第一、服务至上”的图书馆价值观念

这是图书馆公认的价值观，是图书馆赖以生存和发展的根本保障，是图书馆组织一切活动的总原则。它意味着图书馆必须以用户为导向，把满足用户的多层次需求视为图书馆的最终目标。

（五）不断创新的图书馆价值观

图书馆具有创新文化的社会功能。一方面图书馆本身具有对文化更新、创造的作用；另一方面图书馆工作通过对文化的积淀、传播和优化促进文化的更新、创造，形成新的知识和新的发明，促进社会进步和发展。图书馆充当的是知识交流中介的作用，它通过文献的传递与利用，实现知识的输入、贮存和输出，将知识的生产者和知识的利用者联系起来，在用户消化、吸收了图书馆所提供的文献知识，并将它运用于生产后，知识转化为新的生产力。新的生产力继而推动科学文化的进步，并在更高层次上促进人类知识的充实、创造。因为如此的循环反复，所以，人类知识不断完善、更新，社会文化也随之不断地发展变化。不断创新的图书馆价值观为图书馆文化创新提供了丰饶的土壤。

（六）办馆效益观念

图书馆虽属政府拨款的社会公益性机构，但也必须讲究投入产出，争取实现经费、设施和人员的最佳效益。图书馆的办馆效益主要是社会效益，而衡量社会效益大小的标准主要是文化信息收集与传播的数量和质量，广大用户的满意程度，图书馆在社会上的公信度及社会形象等。

二、创新图书馆文化精神

图书馆文化精神是图书馆中占主导地位的管理意识，能够规范图书馆领导及

馆内工作人员的具体行为，使馆内工作人员在实际的服务工作中达成共识，从而大大提高为用户服务的效果和效率。因此图书馆文化精神对馆内工作人员行为具有导向和规范作用。图书馆文化精神的导向和规范作用在制约人的行为时具有深厚的感情色彩，因为这种作用可以通过规章制度、工作标准和工作目标等硬性管理手段加以实现，也可以通过群体氛围、传统习惯和舆论引导来实现。馆内工作人员如果做出违反图书馆文化精神的事，就会受到制度惩罚、舆论谴责，本人也会感到内疚，产生情感压力，进而进行自我调节，修正自己的行为。图书馆文化精神是一种理性的黏合剂，它把馆内员工固定在同一信念目标上，以其大量微妙的方式沟通所有工作人员的思想，创造一个共同协作的背景，把馆内各种力量汇聚到一个共同的方向，使图书馆整体产生强大的前进动力，最终使图书馆文化精神得以弘扬。

图书馆文化精神从确定到弘扬，需要一个认同—服从—内化的过程。认同是图书馆全体工作人员对图书馆文化精神有了某种认识，有了某些自觉成分，但认识与自觉的程度往往不深，在行动上往往有反复；服从只能使图书馆全体工作人员的观念和行为趋向于图书馆精神所要求的意识行为，带有较明显的强制性；而只有内化，才能使图书馆全体工作人员具有与图书馆精神情感一体的认识行为，自觉而主动地发挥图书馆文化精神，做到自己管理自己、自己控制自己。要较好地完成这一过程，图书馆就必须要注意不断创新图书馆文化精神，使图书馆文化精神具有时代特色，更能为广大馆员所接受，得到广大员工的认同，使他们自觉服从，并内化为自觉遵守的行为准则。我国图书馆文化建设的创新和发展特别需要一种图书馆精神。这种精神，就是敬业爱业、忠于职守的态度；敢于创新、开拓进取的坚定志向；不怕困难、攀登高峰的勇气和自强不息、无私奉献的高风亮节。

三、创新图书馆文化环境

图书馆文化环境创新包括以下几个方面。

（一）事业发展模式创新

社会化是21世纪信息化社会图书馆事业的发展模式，图书馆的社会化包括办馆方式、管理方式和服务方式等三个方面。信息是一种财富，图书馆收集、整理文献，对原始文献进行信息加工，这是一项复杂的脑力劳动，有其自身的价值存在。在当前的市场经济条件下，只有融合“事业”与“产业”有机结合的运作模式，打造自身服务特色，才能创造出最佳的社会效益和经济效益。在管理方式上要突破传统的部门管理和层次分明的管理体制，实施多功能“一体化”管理——以用户的需求以及自身的发展为目标，实现信息共享“一体化”。目前图书馆界，特别是公共图书馆界正在加速这种社会化进程。深圳市图书馆发挥地区中心馆的作用，致力发展区级图书馆和社区图书馆，并实行统一采购编目，走出一条纵向办馆、合理配置资源的新路。佛山市提出以市馆为中心，其他类型图书馆为成员馆的“统一标识、统一平台、统一资源、统一管理、分散服务”的联合图书馆建设构想。这些都是在图书馆事业发展模式上创新的尝试，他们的成功将会为图书馆事业的发展提供可借鉴的经验。

（二）图书馆建筑文化创新

信息时代图书馆的建筑，强调功能第一，注重实用，突出建筑风格和文化品位，实现纸质文献、多媒体实体文献和虚拟馆藏兼容并存，体现人本精神和开放观念。进入信息化社会，许多图书馆的旧建筑功能已不能满足新技术的需求，各地开始纷纷建立新的图书馆，新的图书馆建筑新技术应用的考虑应该放在第一位，但图书馆的最终目的是让用户来使用的，所以应当围绕着人来建设图书馆建筑文化，创造有利于工作人员工作、有利于管理人员管理、有利于用户阅览和获取信息的内外优美环境。现在的很多图书馆在建筑时都充分考虑了绿化、减少污染、室内网线布设、用户休息空间等人性化的布置，甚至有的图书馆还考虑到雨水废水回收利用等，充分体现了低碳社会的要求。

（三）图书馆结构创新

图书馆结构主要由组织结构、内部基本制度结构、资源结构三方面组成。组织结构创新，图书馆的组织结构中有不适合信息时代要求的成分存在，这些不利于图书馆文化建设。新时期，很多图书馆对本馆进行重新定位，确定新时期的新任务、新目标，从实际出发：制定合理的创新方案。这些创新方案尽量减少管理层次和中间环节，缩小部门界限，保障组织结构的集成化、智能化和灵活性。符合信息化时代对组织结构的要求；内部基本制度创新，图书馆为了应对信息时代和图书馆文化创新建设的挑战，必须重新整合我们的基本制度，创建一种有利于吸收人才、有利于知识创新、服务创新的新制度，新制度必须实行真正的而不是形式上的以目标、责任、能力为基础的工作岗位责任制和以工作态度、工作时问、完成任务的数量、质量为主要标准的绩效评价和奖罚制度，同时可以积极创造条件，实行“基本工资、岗位津贴、绩效奖励”的“三元结构”分配制度；图书馆的资源结构创新，主要包括文献信息资源结构创新和人才资源结构创新两个方面。要从图书馆联盟的观念出发，着眼社会需求和信息资源共建共享，突出本馆特色和强项，建立新型的合理的文献信息资源配置体系，加大具有本馆特色的文献信息资源的建设和开发力度，打造具有品牌意义的文献信息资源数据库或专题馆藏。在人力资源管理上，实行能者上、庸者下以及人性化、个性化管理，让每位馆员都有实现自身价值的满足感，建立一支年龄、学历、职称配置合理的人才队伍。

(四) 业务建设和技术创新

在新信息时代，面对用户信息需求的多样化和个性化，原有的业务建设已不能满足用户的需求，要进行业务创新和技术创新。业务创新就是对原有的业务内容进行调整，或逐步淘汰，或推陈出新，不断创造新的业务生长点，不断提升新的业务运作手段。例如，在文献信息资源共享工程建设中，广东省立中山图书馆创新了网上导航，网上咨询等一系列业务技术，该馆所创办的广东流动图书馆，对于为基层为大众服务、建设学习型和谐社会起到很好作用，也是一项很有意义的业务创新；技术创新就是建立多媒体图书馆，以多媒体电脑，控制一系列多媒体设备，对各种文字、图形、图像、声音、视频等信息媒体进行处理、传递、存取，为用户创建图文并茂、音响逼真、色彩自然的高级视听环境。技术创新还可以让图书馆利用新技术深层开发用户所需的信息资源，满足用户的个性化需求。

（五）学术研究创新

图书馆文化建设在创新和发展过程中，必然面临着许多新矛盾和新问题，迫切需要开展图书馆文化建设的新理论、新方法、新政策和现代化等课题的全面研究，必须充分利用各种资源，通过多种途径搞好学术研究创新工作，如定期不定期召开学术会议，鼓励在职人员攻读硕士、博士学位，组织系统研究图书馆创新文化建设的重大理论课题和科学技术课题等。

四、创新图书馆形象

要充分发挥图书馆文化的综合效应，必须高度重视图书馆“造型”，着手于形象创新。图书馆形象是图书馆文化精神的重要内容，是图书馆的无形财富和宝贵资源。它是图书馆文化精神的外显形态，既是图书馆文化精神的一个组成部分，又是图书馆文化精神的载体。从客观上讲，它反映的是图书馆自身的特征和状况，是一种存在；从主观上讲，它反映的是广大读者对图书馆的认识和评价，是一种观念意识。图书馆要把塑造良好的图书馆形象作为图书馆服务的目标和对外宣传的目标，图书馆形象是由其环境、馆藏资源、服务方式、服务效果、公共关系以及管理人员、工作人员等具体因素构成的，因此是具体的，是可以进行分步骤，分阶段地创新的。创新可以将理念识别系统、行为识别系统和视觉识别系统整合成为一个系统，进一步导人以用户满意为核心的 CS 战略，形成一个立意更高、内含更丰富、形象更具体的 CIS 战略体系、创新塑造出来的良好图书馆形象，可以将图书馆信息资源、人力资源和文化三者融为一体，紧密联系，形神兼备，对图书馆事业的发展形成新的推动力。

五、创新图书馆文化管理

要提高图书馆文化建设的有效性，必须从中国的国情和图书馆的性质、特点出发，做好图书馆文化建设和具体管理相结合，力求管理创新。我们说图书馆文化是一种新的管理方式，但是不把它与图书馆的发展战略、内部管理和具体的服务内容有机地结合起来，文化只能是一种空洞的概念，可能图书馆文化只能成为一句空喊的口号或者贴在墙上的“宗旨”。将图书馆文化的创新与图书馆管理的创新统一于图书馆的再造工程，从“抓图书馆文化建设就是抓图书馆管理的提升”的角度认识图书馆文化建设，努力挖掘图书馆管理中的文化潜力，促使文化观念转化为管理实践，转化为管理制度和工作中的操作程序，增强管理中的“文化含量”，通过管理创新使图书馆文化与图书馆管理成为一个有机的体系。图书馆文化建设包括图书馆文化的目标管理、过程管理和成果管理三个阶段，这三个阶段没明显的区分界限，可能会在一个不断地树立目标，进行过程管理和成果检验的过程中，在这个动态的过程中，通过对图书馆文化管理的创新，开拓出图书馆文化的新功能、创造出图书馆文化的新效应，保持图书馆文化建设与管理的整合，将刚性的管理制度和柔性的文化导向有机地融为一体，使“制度育人”和“文化育人”在图书馆文化创新的实践中互相交融。

六、创新图书馆文化建设方法

要激发图书馆文化建设的活力，必须创新图书馆文化建设的方法和手段。中国的改革开放在各个方面都成果显著，对人思想观念的影响也非常之大，进入21世纪，旧的一些强制性的、古板的做事方法在管理中已不能起到很好的调适作用，说话做事得讲求技术和艺术，得有吸引人眼球的东西来进行图书馆文化建设。如要改变“单一形式、单一渠道”的格局，摒弃旧的被时代淘汰的方法，根据中国先进文化的发展趋势和图书馆文化的内容，创造出健康向上、丰富多彩、小型多样、让员工们喜闻乐见的新形式，新方法，以满足不同层次员工文化生活的需要。新形式新方法一定要从实际出发，避免“假大空”，否则会引起反效果。从成功的企业文化建设实践中，我们可以借鉴一些颇有成效的好方法。如疏导启迪法、情理交融法、典型示范法、形象养育法、员工联谊法等。通过这些方法，使图书馆员工形成并获得方向感、信任感、成就感、温暖感、舒适感与实惠感，促进图书馆内部员工之间的相互沟通、相互理解、相互信任、相互尊重，共同营造一个良性的图书馆内部人际关系。

在现阶段，知识管理已广泛应用到各行各业的管理实践中，其中先进的科学技术和工具适合推广图书馆文化建设，知识管理平台不但提供工作经验的交流和分享，同时系统的网络和大众传播媒介功能影响和扩大了图书馆文化建设的覆盖面。借助于形式多样的活动，使图书馆服务理念和文化精神渗入各类丰富、形象，高雅的文化活动之中。通过主题明确、中心突出的活动，使图书馆文化的内容和形式统一和谐，为员工营造一个图书馆内部“家庭式氛围”，每一位员工，不仅希望自己的工作富有价值和意义，在事业上能够有所建树，同时也希望自己处在一个充满人情味和温馨感的大家庭之中，只有在融洽的家庭式氛围中，员工在日常工作中的压力和焦虑才能得到缓解和消除。家庭式情感需求的满足也能促使员工形成更大的工作动力，从而把组织打造成一个坚强团结的集体，以卓越的事业成就去赢得社会各界公众的信任和支持。

七、创新图书馆学习氛围

优秀的图书馆文化倡导终身学习，将学习作为丰富发展文化的基本条件。因此学习型组织与图书馆文化是密切相关的，在知识经济已经成为潮流的当今时代，人类知识总量是成百倍，成千倍增长的，一个人在学校里学到的东西只能占到走人社会所需要知识的10%左右，还有90%需要在职场上通过再教育和再学习来实现。“学习、学习、再学习”，是知识经济时代人们生存不被社会淘汰的座右铭。“活到老，学到老”不再是一句口号，而是一件实实在在的事，学得越多，就越能了解到自己的无知。因而，一个人不能保持永恒的卓越，只有不断地学习，他才能拥有旺盛的生命力。

由于知识是一个不断积累的长期的渐进过程，是一个持续终生的行动，因此必须学会学习。学会学习就是学会掌握最适合自己的学习方式，能够通过探索，独立地进行有效的学习。在知识经济时代，每个人都面临着海量信息的选择。一方面，海量信息丰富了人们的学习资源，另一方面，人们又必须在这些海量信息中选择出最有利自己生活、工作或发展的信息。这就需要人们用一种批判、选择态度来学习和处理信息，以达到对信息的有效利用而不被信息的海洋淹没。这种学会学习的能力在当今和未来社会是一种至关重要的能力。

图书馆组织学习就是图书馆形成一定的体制来鼓励个人学习及其学习行动，将个体学习与图书馆整体行动有机地结合起来，营造一个良好的学习氛围来促进个体学习的热情，开展图书馆培训活动来帮助个体学习等。学习型图书馆可以在一定程度上丰富和发展图书馆文化，因此，要实现图书馆文化的创新，必须将目标定位于建立学习型图书馆上。要转变传统的思维模式和管理模式，实现由原来的“制度+控制使人勤奋工作”向“学习+激励使人创造性地工作”转变。根据学习型图书馆的模式组织创新和图书馆服务。通过建立共同愿景和改善思维模式的修炼，使图书馆员的个人价值和图书馆的目标、价值整合在一起。以促进馆员思维方式的转变，提升图书馆文化。再通过系统的提炼和推广，使图书馆文化建设的新成果不断渗透到图书馆所提供的各种信息和产品中，以发挥图书馆文化建设的综合效应。以创建学习型图书馆作为图书馆文化创新的新目标，将使图书馆建设进入可持续发展的轨道。

八、创新图书馆文化机制

新型图书馆文化体系的基本模式就是要确立“一体四元”的多维文化观和综合发展机制。所谓一体，指现代图书馆“全方位开放式、高效率为社会各界提供优质信息服务”的价值系统，所谓四元，指由现代图书馆物质信息技术、行为方式、制度体系和意识形态有机构成的图书馆文化系统，以现代图书馆价值观念的塑造和培育为核心，以由表及里的现代图书馆物质文化、行为文化、制度文化和精神文化建设为内容结构，彼此之间有机结合，互为条件、互为目的形成一个古今融合、中外互补和以改革求发展的具有创新功能的充满活力的图书馆文化发展机制。

第六章　图书馆信息资源体系

第一节　图书馆的信息资源解析

一、信息资源的概念和特性

信息资源是图书馆信息资源建设领域的基本概念之一，也是信息资源建设学科研究的逻辑起点。对信息资源的理解与表述，从整体上决定着信息资源建设的内涵和外延，决定着信息资源体系的展开。

（一）信息资源的概念

信息资源(Information Resources)是一个具有丰富内涵的术语，最早见于罗尔科(J. O. Rourke)刊载于《Special Library》的“Information Resources in Canada”一文中。随后，信息资源的研究逐渐成为国内外图书馆学的研究热点。

关于信息资源的概念，比较有代表性的定义有：

1986 年，美国信息管理专家霍顿(F. W. Hoaon)在他的合著《Infotrends》一书中认为，信息资源包括四个方面的内容：具有信息技能的人才；信息技术中的硬件与软件；信息机构，如图书馆、计算机中心、传播中心和信息中心等；信息操作和处理人员。

德国信息管理专家斯特洛特曼(K. A. Stroetmann)认为，信息资源包括三个重要组成部分：信息内容、信息系统和信息基础结构。

1997 年，我国学者符福垣在《信息资源学》一书中，将信息资源定义为“信息与操作信息有关的物理设施、人力、资金和运行机制的总称”。

1999 年，我国学者代根兴、周晓燕在《“信息资源”概念研究》一文中，比较和分析了众多信息资源定义后认为：信息资源是经过人类选取、组织、序化的有用信息的集合。

2000年，吴慰慈、高波在《从文献资源建设到信息资源建设》一文中，将信息资源的定义表述为：信息资源是经过人类采集、开发并组织的各种媒介信息有机集合。

2004年，马费成在《信息资源开发与管理》一书中认为，信息资源就是指人类在信息活动中积累起来的以信息为核心的各类信息活动要素(信息技术、设备、设施、信息生产者)的集合。

综观国内外学术界对信息资源概念的定义，可以从广义和狭义两种角度来理解和分析。

一种是广义上的理解。认为信息资源是信息活动中的各种要素的总称，既包含了信息内容本身，也包括了与信息相关的人员、设备、技术、网络、资金等各种资源。广义的信息资源概念，把信息活动的各种要素全部纳入信息资源的范畴，有助于从整体上把握“信息资源”的内涵。它强调“信息资源”是经过人类开发与组织的信息集合，信息只有在实施管理后才具备成为资源的条件；强调信息要素价值的实现离不开信息生产者、信息技术等信息活动要素的综合作用。这也正是信息资源与自然物质资源的区别。

一种是狭义上的理解。即从信息的本体出发，认为信息资源即指信息内容本身。信息资源是经过人类选取、加工、组织、序化的有用信息的集合。从狭义的角度来理解信息资源，集中强调了信息要素在信息资源定义中的核心地位，而把信息生产者、信息技术与设施等信息本体之外的相关要素作为信息生产的外在条件，有助于把握信息资源的核心和实质。

从对图书馆信息资源建设实用的角度出发，本书在讨论信息资源采访时所使用的“信息资源”概念取狭义的理解，即信息资源是人类活动中产生的，经过人为选择、组织、序化的有用信息的集合。

(二) 信息资源的特性

信息资源是作为资源的信息，与物质资源、能量资源和非资源化的信息相比，具有以下几种特性：

1. 人工性

信息资源是人类所开发与组织的信息，是人类脑力劳动和认知过程的产物。信息资源生产、组织、建设、开发、传播和利用的过程，信息技术和信息设施的发明创造，无不深深打上人类加工的烙印。信息资源的人工性特点是我们建设、开发和利用信息资源的理论依据。

2. 有序性

信息浩如烟海且杂乱无章，处于各种混沌无序状态。信息资源是人类按照一定次序，从浩瀚无边、纷杂无序的信息海洋中选取和组织起来的、方便利用的序列性信息。

3. 有限性

信息作为事物的运动状态及其变化方式，伴随着事物的存在而存在，是普遍存在的、无限的、用之不竭的。信息资源仅是信息中的一部分，是经过人类选择的有用的那部分信息，其数量是有限的。人类开发的信息资源数量虽然庞大，但对于特定的个人、组织或者任务来说，真正有价值且可以获得的信息资源往往也是有限的。

4. 积累性

信息资源是有用信息的集合，一条信息构不成信息资源，只有经过一定时间积累使信息达到一定的丰度和凝聚度，才能成为信息资源。正是这种积累性，才使不断流散在空间和时间中的信息，能够汇集到信息机构，跨越时空限制满足人们多样化的信息需求。

5. 效用性

任何信息资源对人类都具有一定的效用，且易于扩散、传播和共享。信息资源随着开发深度和广度的不断拓展，其数量和利用价值亦不断增强；对信息资源的需求和利用程度越高，信息资源的价值和效用也就越大。许多信息资源具有高度的时间敏感性和时效性，随着时间推移逐步过时老化，并失去其利用价值而成为无用的信息。

二、信息资源的类型

信息资源的类型划分是识别、开发和利用信息资源的基础。信息资源的类型多种多样，依据的划分标准不同，分类结果也不一致。对信息资源的类型划分，可从广义和狭义两个角度进行归纳和总结。

（一）广义信息资源的类型划分

1．按照信息资源的组成与内在关系划分

(1) 元信息资源。是指信息生产者或信息产生者的集合。信息生产者是指能够创造并生产出有用信息的人或者机构；信息产生者则指无意识地向人类、社会发出各种信息的大自然。元信息资源是信息产生的源泉。

(2) 本信息资源。是指信息内容本身，是信息的集合，包括社会信息与自然信息。本信息资源是构成信息资源的核心部分，也是信息资源组织和管理的重要内容。

(3) 表信息资源。是指为信息的收集、存储、加工、处理、传递、开发、利用而运用的一切技术和设备的集合。表信息资源是信息得以显现的重要基础，也是信息得以充分开发利用的必要条件。

2．按照信息资源的实虚形态划分

(1) 有形信息资源。包括信息的产生者、生产者、开发者、使用者、存储介质、信息设备设施和信息机构等。

(2) 无形信息资源。包括信息内容本身、信息系统软件、信息系统与信息机构的运作机制等。

3．按照信息资源的空间分布范围划分

(1) 国际(世界)信息资源。是指通过网络将分布在世界各国的信息资源，包括

各种数据库、计算机、信息用户、信息生产者，连接起来的一个全球信息共享联合体。

(2) 国家信息资源。泛指某一个国家信息资源的总和。

(3) 地区(部门)信息资源。是指一个省、市、部门或系统的信息资源总和。

(4) 单位信息资源。是指某一企业、院所或机关的信息资源总和。

(二) 狭义信息资源的类型划分

1. 按照信息资源的加工程度划分

(1) 零次信息资源。零次信息资源是指直接用以观察客观事物活动的人、事、物。它们是各类信息系统中的信息产品形成的原始资料，尤其是大量实地调查类的信息产品。这些资源中的信息是通过相关的人、事、物的识别，建立特殊渠道进行接触，而后应用有关方法对有关情况进行收集与分析而获得。

(2) 一次信息资源。是指原始信息的集合，包括决议、报告、记录、心得、消息、创作、专利文献、标准文献、档案文献、统计报表、图书、期刊、学位论文、事实数据库等原创性信息资源。用户可以从一次信息资源中直接获取所需的原始信息。

(3) 二次信息资源。是指对原始信息进行加工整理或提炼压缩后产生的、便于利用一次信息资源的信息资源。包括目录、索引、文摘、题录、简介、书目数据库、参考数据库、搜索引擎、分类指南、网络资源学科导航等。二次信息资源的主要功能是检索与通报一次信息资源。

(4) 三次信息资源。是指通过利用二次信息资源提供的线索，对某一范围的一次信息资源进行综合分析、研究、评述而加工生成的信息资源，是高度浓缩加工的再生科研信息。主要包括综述、述评、专题研究报告、百科全书、年鉴、指南、词典以及相应的数据库等。

2. 按照信息资源的载体划分

(1) 体载信息资源。是指以人体为载体并能为他人识别的信息资源。体载信息资源按其表述方式又可分为口语信息资源和体语信息资源。口语信息资源是人类以口头语言表述出来但未被记录下来的信息资源，如谈话、授课、讲演、讨论、唱歌等。体语信息资源是以人的体态表述出来的信息资源，如表情、手势、姿态、舞蹈等。

(2) 实物信息资源。是指以实物为载体的信息资源。实物信息资源依据实物的人工与天然特性，又可分为以自然物质为载体的天然实物信息资源和以人工实物为载体的人工实物信息资源。

(3) 文献信息资源。是以文献为载体的信息资源。文献信息资源依其记录方式和载体材料，又可分为刻写型、印刷型、缩微型、机读型、声像型等五大类。

(4) 网络信息资源。即通过计算机等使用终端和通信网络而获取的信息资源。

3．按照信息资源的传递范围和保密程度划分

(1) 公开信息资源。也称共享信息，包括一切公开发表和出版的信息。公开信息资源的数量巨大，是信息资源研究和利用的重点。

(2) 半公开信息资源。是指内部信息资源和所谓的“灰色”出版物。

(3) 非公开信息资源。是指不宜公开发表和出版的信息资源，如机密信息等。

除此之外，狭义信息资源还有许多其他不同的划分方法。如按照信息的存在状态，信息资源可划分为潜在信息资源和现实信息资源；按照信息资源的内容可划分为科技信息资源、金融信息资源、教育文化信息资源和政治法律信息资源；按照信息资源的传播途径可划分为口头交流传播的信息资源、文字交流型信息资源、网络传输型信息资源等。

第二节　图书馆的主要信息资源

图书馆信息资源是指图书馆存储的或者通过图书馆间接获取的可利用的信息集合。信息资源的类型多种多样，但不是所有的信息资源类型都属于图书馆的建设范围，如大多数图书馆的馆藏较少涉及体载信息资源、非公开信息资源、实物信息资源等类型。

对图书馆涉及的主要信息资源的认识，直接关系到图书馆信息资源建设的业务开展和工作质量。由于本书对图书馆的“信息资源”概念取狭义的理解，遵循定义与类型相一致的原则，以及从图书馆信息资源建设的研究和工作实际出发，本书以信息资源的载体形式和记录方式作为划分标准，从文献信息资源和网络信息资源两个方面较为系统地介绍图书馆的主要信息资源类型。

一、文献信息资源

即以文献为载体的信息资源。文献信息资源是将信息知识内容以某种形式的符号记录在一定的物质载体上，并以一定形态呈现出来的物质实体。文献信息资源依据其记录方式和载体材料，可以做如下划分：

（一）印刷型文献

印刷型文献是指通过石印、油印、铅印、胶印、复印等印刷方式，将知识信息内容记录在纸质载体上的一种文献形式。印刷型文献历史悠久，是图书馆物理馆藏的构成主体。

按照出版形式，印刷型文献可区分为以下类型：

1．图书

图书主要指以印刷方式单本刊行的非连续性出版物，它和连续性出版物一起构成图书馆实体馆藏的主体。图书往往是著作者在长期研究和学识积累的基础上，对某一知识领域进行较为系统和深入的研究而形成的成果，编著和出版周期较长。因此，图书的内容比较完整、系统、成熟而新颖性不足，是了解和掌握各学科的系统知识的重要信息源。

图书按照出版方式，可划分为单本书、多卷书、丛书等类型；按照内容性质和使用对象，可划分为学术专著、教材、论文集、资料汇编、科普与通俗读物、文学艺术作品、少年儿童读物、参考与检索工具书等类型。

2．连续出版物

连续出版物是具有统一的题名，汇集多位著者的多篇著述，以统一的装帧形式、卷、期或年、月标识，定期或不定期以连续分册形式出版，并且计划无限期地连续出版的出版物。它包括期刊(杂志)、报纸、年度出版物(年刊、年报、年评、年表、年历、年鉴等)、丛刊等无限期连续出版的文献。其中，期刊(杂志)和报纸是连续出版物的主要类型。

(1) 期刊。

期刊有固定的名称，定期或不定期用卷、期或年、月顺序编号，以统一的装帧形式，成册编辑、出版的一种连续出版物。期刊的出版周期短，传递信息快，内容广泛，知识新颖，影响面广，能及时反映新理论、新技术、新方法和新动向，起到迅速传播新研究成果和交流思想的作用。

期刊按出版周期划分，可分为旬刊、半月刊、月刊、双月刊、季刊、半年刊等类型；按内容性质划分，可分为休闲娱乐期刊、科学普及期刊、人文社会科学期刊、自然科学期刊、工程技术期刊和综合性期刊等类型。

(2) 报纸。

报纸是以刊载新闻、评论、消息为主的、出版周期最短的定期连续出版物。与杂志相比，报纸的信息内容更加广泛，发行更快，时效性更强，出版量更大，读者面更广，是各种信息的主要传播渠道之一。

报纸按内容范围划分，可分为专业性报纸、综合性报纸等类型；按出版周期划分，可分为日报、双日报、三日报、周报、旬报等类型。

3．特种文献

特种文献是指出版形式比较特殊的科技文献资料。它介于图书与期刊之间，似书非书，似刊非刊。这类文献的特点是内容广泛新颖，类型复杂多样，涉及科学技术、生产生活各个领域；现实性强，情报价值高，从不同领域及时反映当前科学技术的创造发明、进展动态、研究水平和发展趋势；出版发行无规律，有的有一定保密性，收集比较困难。

特种文献主要包括以下几种类型：

(1) 科技报告。

科技报告是科研人员进行项目研究的实际记录和研究成果的系统总结，多以编辑出版机构的名称作为总的固定名称，并标有连续编号，每一报告为一项专题资料，自成一册，最后再汇集成丛刊的不定期出版物。科技报告多是重大课题的研究成果，往往代表一个国家有关专业领域的科研水平，资料专深可靠，情报价值很高。

科技报告按报告所反映的研究进展程序，可划分为初步报告、进展报告、中间报告、终结报告等类型；按存储方式，可划分为报告书、技术札记、论文、备忘录、通报、技术译文等类型。

(2) 政府出版物。

政府出版物是由政府机构出版或由政府机构编辑并授权指定出版商出版的各类文献的总称。它可分为行政性文件和科技文献两大类，是了解各国政治、经济、法律、文化、教育、科学、技术的发展情况、方针政策和组织规划的重要参考资料。

(3) 会议文献。

会议文献是指在国内外各种学术会议上宣读、交流的论文、报告和其他有关资料。学术会议论文一般是作者根据自己的科研成果所做的原始创作，具有较高的学术价值。科学上的许多新发现、新观点、新成果是在学术会议上首次发表的。

(4) 专利文献。

专利文献是记录有关发明创造信息的文献，包括专利申请书、专利说明书、专利公报、专利文摘、专利索引、专利分类表等文献资料。

(5) 标准文献。

标准文献是指经标准化组织或公认的权威机构批准的，以文件形式固定下来的标准化工作成果。按审批机构和应用范围区分，标准文献可分为国际标准或区域标准、国家标准、部标准和企业标准。

(6) 学位论文。

学位论文是高等学校或研究机构的本科生或研究生为获取学位而撰写的学术论文。较高层次的学位论文一般具有较高的学术水平和参考价值，是重要的信息情报源。

(7) 产品资料。

产品资料是为介绍定型产品的结构、原理、操作方法、维修方法而编印的详细说明资料，包括产品样本、产品说明书、产品目录和产品广告等。

(4) 其他零散资料。

主要指档案资料、舆图、图片、乐谱等资料。档案资料包括文书档案和科技档案，是记录各种事实进行过程的卷宗资料，有一定的保密性。舆图包括地图、地形图、地质图、行政区划图和各种教学挂图等。图片包括各种新闻照片、美术作品等。乐谱指单张活页式音乐曲谱艺术作品。

(二) 刻写型文献

刻写型文献是以刻画和手工书写为手段，将知识信息内容记录在各种自然物质材料和纸张等载体上而形成的文献，包括手稿、日记、书信、会议记录、原始档案、碑刻、简策、帛书等。许多稀有和珍贵的刻写型文献是图书馆特藏的重要组成部分。

(三) 缩微型文献

缩微型文献是利用光学记录技术，将文献的影像缩小复制在感光材料上而制成的感光复制品。它包括缩微胶卷、缩微胶片、缩微卡片等。

(四) 视听型文献

视听型文献是以电磁材料为载体，以电磁波为信息符号，将声音、图像和文字记录下来的一种动态型文献。它可分为视觉资料、听觉资料和音像资料等，如唱片、录音带、录像带、电影胶片(卷)、幻灯片等。

(五) 机读型文献

机读型文献是将文字、声音、图像、图形等信息以数字代码方式存储在磁、光、电等介质上，通过计算机或类似功能的设备阅读使用的文献。机读型文献按其存储载体可分为光盘、磁盘、磁带等类型，其中磁盘和光盘是主要的机读文献载体类型。

二、网络信息资源

网络信息资源是指以数字化的形式将文字、图像、声音、动画等多种形式的信息存储在光、磁等非纸质载体中，并通过网络和计算机等方式再现出来的信息资源。网络信息资源具有信息量大、类型多样、动态更新快、传输效率高、传播范围广泛、获取方便快捷、共享性强、质量不一等特点，是现代图书馆馆藏非常重要的组成部分，也是信息资源建设的重要对象和发展方向。通常情况下，将网络信息资源和机读型文献合称为数字化信息资源。

随着计算机网络的发展，网络信息资源的数量日益庞大，内容纷繁庞杂，形式多种多样。依据不同的标准可将网络信息资源划分成不同的类型。

（一）按照信息资源的组织管理程度划分

1. 网络数据库资源

网络数据库作为高质量的学术、商业、政府和新闻信息的重要来源，已成为网络信息资源的主体。它是图书馆数字信息资源建设的主要对象和水平标志，在现代图书馆信息资源建设中起着举足轻重的作用。

网络数据库资源按照维护和使用权限，可以划分为：

(1) 永久保存型数据库。

如馆藏书目数据库、馆藏数字化全文数据库、自建的特色与专题数据库等，从内容的取舍、组建到数据库的维护都由图书馆负责，图书馆具有全部所有权，并提供全方位的检索、阅览和存取服务。

(2) 镜像服务型数据库。

如国内外一些大型的数据库，通过镜像的形式拷贝到图书馆内的服务器上供读者检索、阅览和存取。镜像数据库的维护主要由数据库提供商承担，图书馆对其一般具有永久使用权。

(3) 网络服务型数据库。

如远程数据库，存放在远程服务器上，由数据库提供商负责管理和维护，使用馆通过购买或协商取得该数据库的存取权限，并在图书馆主页上设置链接点远程登录使用。这类数据库图书馆只有永久或约定期限的使用权。

(4) 链接存取型数据库。如因特网上各类免费使用的数据库资源，保存或寄居在因特网上的某一位置，图书馆通过捕获、筛选和组织资源导航链接提供存取服务。这类资源一般无确切的边界，具有流动性、临时性的特征，图书馆虽然对其内容没有控制权限，但是可以起到丰富馆藏的作用。

2．其他网络信息资源

(1) 电子书刊和报纸。

电子书刊和报纸指完全在网络环境下编辑、出版、传播的电子图书、电子期刊和电子报纸。包括印刷型书刊报的电子版和纯数字书刊报。

(2) 电子特种文献。

电子特种文献是指以数字形式存储的特种文献，如电子版科技说明书、电子版科技报告等。

(3) 站点资料。

站点资料包括大学、科研院所、企业、公司、信息服务机构、行业机构、政府机构的站点资源等。

(4) 动态信息。

动态信息包括各种机构发布的消息、政策法规、会议消息、论文集、研究成果、项目进展报告、产品目录、出版目录、广告等。

(5) 交流信息。

电子交流信息是指通过互联网等现代电子通信工具发送或发布的消息，比如电子邮件、电子公告、新闻组、用户组、博客、论坛等。

(二) 按照网络信息资源的生产途径和发布范围划分

1．商用网络信息资源

商用网络信息资源也可称为正式数字出版物，由正式出版机构或数据库商出版发行，包括全文数据库、事实数值数据库、参考数据库等各类数据库，以及电子期刊、电子图书、电子报纸等。商用网络信息资源学术信息含量高，易于检索利用，出版成本高，必须购买使用权才可以使用，在数字学术信息资源中所占比例最大，是图书馆数字信息资源建设的重点。

2. 网络公开学术资源

这部分也可以说是半正式出版物，完全面向公众开放使用，包括各种学术团体、行业协会、政府机构、商业部门、教育机构等在网上正式发布的网页及其信息。包括重要学术网站资源、重要搜索引擎 / 分类指南、网络学术资源导航、图书馆馆藏联机公共目录(OPAC)等。

3. 网络特色资源

网络特色资源属于半正式出版物，主要基于各教育机构、政府机关、图书馆的一些特色收藏制作，在一定范围内分不同层次发行，不完全向公众发行，有时需要特别申请。如只在校园网内允许使用的教师教学课件、学位论文等。

4. 其他资源

如 FTP 资源、新闻组、BBS、博客、电子邮件等属于非正式出版物。

第三节　图书馆的信息资源体系

一、信息资源体系

(一) 信息资源体系与信息资源体系规划

1. 信息资源体系的概念

信息资源体系是指信息资源各要素相互联系、相互作用而形成的具有特定功能的有机系统。它是指一定范围内，经过布局、搜集、整理、保存并提供利用的所有信息资源的集合。面向用户的资源与服务整合是根据一定的需要，对各个相对独立的信息资源系统中的数据对象、功能结构进行融合、类聚和重组，重新结合为一个新的有机整体，形成一个效能更好、效率更高的信息资源体系，从而保证信息资源更好地被利用。这包含三方面内容：一是将内部信息资源和外部信息资源进行有机融合，二是构成一个高效合理的信息资源体系，三是实现信息资源的整体利用价值。加强信息资源体系建设应从两方面入手：一是应当保证各图书馆每年都能入藏一定数量的各具特色的信息资源。二是通过信息资源整体建设，建立起能在一定范围内有效地保障社会信息需求的信息资源系统，称为信息资源保障体系。

2．信息资源体系规划的概念

信息资源体系规划，就是根据信息资源体系的功能要求，来设计这个体系的微观结构和宏观结构。

在微观层次上，就是每一个具体的图书馆根据本馆的性质、任务和读者对象的需求，确定信息资源建设原则、资源收集的范围、重点和采集标准，提出本馆信息资源构成的基本模式。在此基础上，制定信息资源建设计划，安排各类型信息资源的数量、比例、层次级别，形成有内在联系和特定功能的信息资源结构，建立有重点、有特色的专门化的信息资源体系。微观规划在时间上表现为短期规划，包括年度计划、季度计划等，是信息资源建设的具体实施计划。

宏观层次上的信息资源体系规划，就是从一个系统、一个地区乃至全国的整体出发，对信息资源建设进行统筹规划、合理布局，制定各种类型的图书馆及各类型信息机构之间在信息资源的收集、组织、储存、书目报导、传递利用等方面的协调与合作规划，从而形成相互依存、相互联系的整体化、综合化的信息资源体系。它通常会受到各种内外环境：如政治、经济、文化以及各馆已经形成的馆藏体系、服务对象等诸多因素的影响。宏观规划又分为总体规划和长期规划。总体规划指一个图书馆对本馆信息资源建设的总方向、指导思想、最终目标等所做的构想与规定，解决信息资源建设中带根本性、全局性和长远性的大问题。长期规划，通常有三年规划、五年规划等，主要用于确定规划期内信息资源建设的发展目标、任务及实现的途径和结果。

(二) 信息资源体系建设的若干对策

全国文献信息资源调查结果表明，我国文献信息资源地理分布很不均衡，呈现出某些地区文献资源过分富余，某些地区文献资源贫乏的现象。各系统图书馆的文献资源建设也存在较大的差异。文献资源建设的地区和系统的不平衡性，影响了我国文献资源体系的保障能力。

1. 组建高层次宏观调控机构，统筹规划、协调组织全国信息资源保障体系建设

理想的全国信息资源建设模式应该是在国家统筹规划下，协调组织各系统、各地区自下而上地进行建设。事实上却是自上而下地逆向发展，这就导致了“大而全”、“小而全”、各自为政，低层次大量重复建设等问题的出现，因此，组建跨系统、跨地区的宏观调控机构迫在眉睫。过去我国也成立了一些有关协调机构，但缺乏实际的约束力和强制力。为此，必须强化这一宏观管理机构的调控能力。要在充分调查研究现状的基础上，制订出全国信息资源保障体系建设的总体战略目标，战略步骤和重点，完善、执行有关政策、法规和标准，推动标准化、规范化和现代化建设。要协调组织社会各方面的资源力量，建立多层次，各有侧重，布局合理的信息资源保障体系和覆盖全国各地区的远程广域网络，按计划实现战略目标。

2. 制订和完善有关政策、法规和标准，信息资源保障体系建设才能健康有序地进行

统一的政策、法规是信息资源保障体系建设的行为指南和准则。完善的政策、法规体系包括全国信息资源建设的发展方向，资金倾斜政策，重点扶持政策，需求导引政策，人才教育政策，市场管理政策，国际合作政策。今后还应针对建设过程中诸如电子复制等实际问题，制定图书馆法、数据保护法、网上资源有效产权法等法律法规，进一步加以具体规范。只有依据明确的政策法规，各级调控机构才能落实各项目标计划，指导协调各方面关系。同时，各图书馆也有章可循、

有法可依、统一行动、共同建设。

3. 引入市场机制，平衡各方利益，调动社会力量联合建设

在数字化、网络化的信息环境下，图书馆同新闻出版部门、数据信息生产中心等信息部门一样，成为社会信息系统的节点和信息资源的集散地、管理站。信息生产和消费的社会化、市场化趋势迫切要求我们自觉地把自己纳入本地区、系统、全国乃至全球信息网络中，在国家宏观调控下，面对用户，以信息市场为导向，开展广泛的调查研究，充分利用、开发文献资源，提供特色化数据库。

4. 加快高校特色信息资源体系的建设

高校特色信息资源体系有两层含义：一是各高校要建立有本校特色的信息资源体系；二是中国高校要建立有自身特色的、不同于公共图书馆等系统的特色信息资源体系。根据高校教学和科学研究需要，加大一次文献信息的拥有量，形成具有高校特色的信息资源体系，提高高校教学和科学研究中的信息保障能力，提高中国高校信息资源体系在全国乃至世界上的地位，是高校信息资源建设的主要目标。

但总的看来，高校信息资源体系还很不完善，特色信息资源还非常缺乏，重复建设现象还很严重，文献品种明显不足，学科范围覆盖不全。高校图书馆可首先根据各自学校专业设置，尤其是重点学科和重点专业情况来进行协调采购，形成具有专业特色的高校信息资源体系。如相对于全国高校而言，湖南高校可结合湖南历史名人来加快特色信息资源建设。厦门大学图书馆馆藏中有关台湾问题的文献已居全国首位，形成自己的特色。其次，在网络环境下，将高校特色信息资源进行数字化转换并传输上网，这是高校信息资源体系建设的主要内容和发展要求。还要加大电子出版物的收藏比例，并有针对性地下载网上信息，同时对网络信息资源进行深层次的开发，通过选择、加工和组织，形成特定用户需要的有序化的特色信息资源。

二、图书馆信息资源建设原则

原则是一切行动的指南。信息资源建设工作所要达到的总体目标，是基本指

导思想实践的必然结果。根据我国的国情和我们希望达到的最终目的，我国信息资源建设工作的基本指导思想是建设有中国特色的信息资源保障体系，不断满足人们日益增长的对信息资源的需求。信息资源建设的原则主要有：

（一）实用性原则

实用性原则也称相符合原则或针对性原则，宏观方面要求信息资源建设单位必须从国情出发，其信息资源建设的战略目标应同我国的科学、教育、文化事业及国民经济与社会发展目标相适应，既考虑到信息资源建设要有超前性，要“兵马未动，粮草先行”，又不能无限超越经济发展允许的速度和规模，搞脱离客观需要和客观条件的冒进。利用有限的经费建立我们国家完备的信息资源保障体系；微观方面要求各信息资源建设单位必须切合以下三方面的实际需要，有针对性地进行信息资源建设即切合本单位、本地区用户的实际需要。

1．切合本单位的实际需要

在信息资源建设中，应以各图书馆的具体情况和实际要求为依据，有目的、有计划地进行信息资源建设。国家图书馆、公共图书馆、科学和专业图书馆、高校图书馆等各种类型图书馆，其办馆性质、任务、用户均有所不同，这就要求各种类型图书馆建设与之相适应的馆藏信息资源体系。

2．切合本地区的实际需要

信息资源建设应面向社会，面向本地区的经济和文化建设，为本地区的经济文化建设服务。因此，各信息资源建设单位要针对本地区的实际需要，结合本地区经济和文化建设的方向和重点，重点采集一些符合本地区经济建设和文化建设的现实需求和长远需求的各类信息资源，形成具有地方性的馆藏特色和重点。

3．切合用户的实际需要

满足用户需求是图书馆信息资源建设的出发点和最终归宿。随着用户需求的日益多样化和个性化，图书馆的信息资源保障不可能面面俱到，只能在一定范围内予以最大限度的满足。因此，在信息资源建设中既要保证重点用户的信息需求，又要兼顾一般用户的信息需求。

（二）系统性原则

系统性原则是建设高质量信息资源体系的重要保证。一个信息资源体系的系统性主要取决于以下三个方面：

1．知识的系统性

任何学科门类的知识都是经过人类不断探索、积累、发展才逐步形成完整的科学知识体系。因此，在信息资源建设中就必须注意学科信息资源的系统性，对某学科的信息资源进行系统地选择和组织。

2．出版物的连续性

各类出版物都是有计划地出版的，尤其是各类丛书、丛刊、多卷书和时效性较强的报刊杂志等连续出版物，通常是按照一定的时间周期出版。出版物的这种连续性，一方面为信息资源建设时连续系统地收集信息资源提供了条件和保障；另一方面也要求在信息资源建设时要制定长期采购计划，以保持文献自身的连续性。

3．学科的完整性

科学技术的发展日新月异，各学科的发展也越来越完善：一是学科发展越来越细；二是学科联系越来越密切。学科发展的这两个特点要求在信息资源建设中应注重学科内在的延续性和完整性，要反映学科发展变化的特点和规律，要有重点地进行信息资源采集，体现馆藏信息资源的科学价值。

（三）发展性原则

馆藏信息资源是一个不断成长着的有机体，在建立信息资源体系中，应该遵循发展性原则：

1．制定信息资源发展政策和计划

研究和制定正确的馆藏信息资源发展政策和发展规划，对于一个图书馆的信息资源建设具有宏观的指导意义，以保证能建立起科学合理的信息资源体系，并最大限度地满足用户的信息需求。

2. 完善信息资源发展的标准和规范

制定并完善信息资源发展的标准和规范，可明确指导信息资源建设中各项具体工作的开展，同时避免信息资源发展工作的盲目性、随意性和某些人为因素的影响。信息资源建设标准化具体体现为文献采访、分类与主题标引、编目、典藏等各个操作环节的标准化、规范化。随着现代信息技术的迅速发展和普遍应用，推动着信息资源建设走共建共享的发展道路。1999年来自全国的124家图书情报单位共同签署了《全国文献信息资源共建共享倡议书》和《全国图书馆馆际互借公约》，提出建立各具特色的馆藏体系，实行分工购藏；协调外文书刊文献的订购；实施全国网上联合编目；合作开发数字化资源；充分利用网络开展服务；加强并完善馆际互借；扩大业务交流和培训等七个方面的共建共享内容。这不仅要求图书馆在文献资源采购方面保持协调统一，还要求文献资源各个加工环节实现标准化、规范化的组织与管理。总之，在信息资源建设的过程中，只有坚持实用性和标准化相结合的原则，才能建立起科学合理的信息资源体系。

3. 优化馆藏信息资源的布局

图书馆应制定相应的馆藏信息资源复选规范，并通过馆藏信息资源的复选，保持馆藏信息资源的最佳利用状态。在图书馆信息资源收藏空间紧张的情况下，对于利用率相对较低的馆藏信息资源通常可以进行如下布局方面的调整：一是设立密集书库，二是建立贮存图书馆，三是调剂馆藏信息资源。

贮存图书馆(Depository Library)，又称保存图书馆、储备图书馆、储存图书馆、寄存图书馆，是指为了解决图书馆收藏空间的紧张状态、节省管理成本、提高图书馆空间和馆藏文献资源的利用率，而设立的专门用于收藏利用率相对较低的文献资源，以备使用的图书馆。贮存图书馆可以分为两个基本类型：一类是一个图书馆专有专用的贮存图书馆，另一类是多个图书馆共有共用的贮存图书馆，其中尤以第二类贮存图书馆为多。通常，贮存图书馆多采用密集货物贮藏架(或者密集书架)和固定排架的方式贮藏文献资源。贮存图书馆一般不直接向读者开放。

（四）特色性原则

信息资源的特色化建设就是以读者对某一类型文献信息的特定需求为导向，根据本地区的政治、经济、社会和文化发展趋势或本校本单位的教学科研发展和工作重点，有目的、有步骤地搜集整理文献信息，在某些学科、某些领域或专题内形成具有特别价值的馆藏体系，并具有独特的服务功能。信息资源的特色化建设主要有这样几个方面：

1．学科特色

学科特色是指馆藏某类或某些类学科文献比较系统完整，能基本满足该学科领域独立研究的需要。如内蒙古大学图书馆的蒙古学、宁夏大学图书馆的西夏学、四川省图书馆的中国古医药等。

2．专题特色

专题特色是指馆藏某一或某些专题文献比较系统完整，能基本满足某专题领域独立研究的需要。相对来说要比学科文献面窄，一般中型图书馆均能根据需要形成文献专题特色。如湖南吉首大学图书馆的沈从文研究、苗族土家族研究。

3．地方特色

地方特色是指馆藏有关本地区政治、经济、文化、艺术、社会风土、人物、自然状况等方面的文献比较系统完整，能为科学研究和本地区政治、经济和文化教育发展提供信息参考。地方特色主要表现在县以上公共图书馆。大学图书馆根据学校的学科建设需要，也可形成地方特色，如西北师大图书馆的西北史地、山东曲阜师大图书馆的孔儒文献、新疆大学图书馆的新疆地方文献等等。

4．民族特色

民族特色是指馆藏有关某一民族历史、文化、语言的文献系统完整，能基本满足对某一民族研究的需要。它也同时表现为学科特色、专题特色、语种特色和地方特色。对于以某个民族为学科研究对象来说，它就是学科特色或专题特色；对于有语言文字的民族来说，它也表现为语种特色。如新疆大学图书馆的维吾尔、哈萨克文献、内蒙古大学图书馆的蒙古学文献等等。

5．文献类型特色

文献类型特色是指馆藏某一类型文献，如专利文献、会议文献、学位论文、产品样本、标准文献等比较系统完整，能基本满足用户对某一文献类型的查阅。如北京大学图书馆的“北京大学学位论文”专藏、上海科技情报所的专利文献收藏等等。

6．文献语种特色

文献语种特色是指馆藏某一学科或专题文献在某一语种方面(外语或少数民族语言)比较系统完整，能基本满足用户在某一语种对某一学科或专题研究的需要。如香港图书馆的英文书籍、澳门图书馆的葡文书籍等等。

(五) 合作性原则

信息资源建设的合作性原则是实现信息资源共享的重要途径。在信息资源建设的合作中，各参与单位应共同制定有关共建的目标、规范、任务、责任、权利、义务、方法和程序等方面的相关政策，以保持各参与单位的利益平衡，并积极地履行规定的责任和义务。客观上要求各信息资源中心能够通过分工协调，建立各具特色的馆藏信息资源，并将本馆的馆藏纳入地区、全国乃至全球的信息网络中，从而建立起功能强大的信息资源保障体系。

高校图书馆信息资源体系是按照统一规划、统一标准、统一管理的原则构建的，各图书馆馆藏信息的采集必须以本校所设专业为重点，以相关学科信息为补充，形成重点突出层次鲜明的“信息塔”结构。收集的信息要形成完整系统，相同类型信息要保证其内容连贯性，不同类型信息之间要保证体系的整体性，使馆藏信息资源从整体上能通过不断的建设成为一体。

(六) 效益原则

通过科学合理的布局，提高用户对信息资源的满足程度，降低信息资源收藏的重复率，提高信息的利用指数，杜绝信息资源建设中的浪费现象，这是信息资源建设应当遵循的效益原则。

第七章　图书馆信息资源组织与体系建设

第一节　图书馆信息资源的组织管理

一、信息资源组织管理的概念

（一）信息资源组织管理的概念

信息资源组织管理，就是图书馆对所收集的信息进行有序化与优质化组织。即按照一定的要求采用一定的科学规则和方法，通过对信息外在特征和内容特征的表述和排序，从而实现无序的信息流，向有序的信息流的有机转换，使信息的集合达到有机的组合、科学的排序和有效流通，促进用户对信息的有效利用和获取。也就是以现代技术为手段，对信息资源进行计划、组织、调控的活动过程。

（二）信息资源组织管理的意义

图书馆收藏了大量的多样化信息资源，虽然拓展了用户选取信息的时空，在很大程度上满足了用户对信息需求的意愿，但这些多样化的信息对用户利用信息又造成了新的困难。不同的信息系统由于其所依赖的技术环境不同，造成检索方法、检索界面的复杂性、差异性，要求用户要掌握多种检索方法，增加了信息查询的难度：不同类型、载体的信息缺乏必要的联系，造成用户查找、检索的困难和时间的浪费：不同来源的信息资源不可避免地出现重复、冗余，影响了用户对信息查询的准确率：不同载体形态的信息资源之间缺乏关联，影响了信息查询的查全率。

因此，图书馆对入藏的信息资源进行科学合理的整合，使重复、冗余的信息被剔除掉；使分散无序的信息资源有序化；使纷繁复杂的查找方式、检索界面得到统一，从而使用户轻松地获取所需的信息；使各类型、各载体信息分布规律化。因此，图书馆对入藏的信息资源进行科学合理的整合，是十分必要的，现代图书馆无论在管理观念上，还是在服务的技术手段上，都比传统的图书馆更重视也有条件从事信息资源的开发利用，图书馆员提供的不再是被动的服务和简单的文献保存与传递工作，而应当成为信息的管理者和导航员。其首要任务就是通过对不同类型、不同载体的信息的有序化、优化整合，为用户在信息海洋中寻求知识，提供帮助甚至直接提供知识，增强信息资源的活性与利用价值，进而通过对信息的分析、研究，把研究成果提供给社会，从而实现信息的增值。

二、信息资源组织管理的原理

指导信息资源组织与管理的基本原理主要有系统原理和控制理论。

（一）系统原理

系统原理是现代图书馆信息资源建设的重要指导思想，并在信息资源组织管理的序化阶段，发挥着重要的指导作用。系统论认为，系统是由多个相互联系、相互制约的要素所构成的有机整体，并按照目的性原则、整体性原则、层次性原则、有序性原则、联系性原则运行。图书馆馆藏也是一个系统，是一个由相互联系的多种不同成分的信息资源组成的一个具有特定功能的有机整体。尤其是在现代图书馆信息资源组织管理中，印刷型信息资源与数字信息资源长期并存互补.现实馆藏与虚拟馆藏又各自独立。如何按照图书馆信息资源建设的整体目标形成完整统一的信息资源体系，则是图书馆信息资源组织管理的一项长期任务。所以，网络环境下的馆藏信息资源的组织就应充分运用系统原理，正确处理好各种信息资源之间的关系。在有效保存和利用印刷型信息资源的同时，强化数字信息资源的收藏与组织，相互补充，适度并存。在处理现实馆藏与虚拟馆藏的关系时，既不能排斥虚拟馆藏，也不能过分依赖虚拟馆藏。所以，馆藏信息资源的组织管理，就是借助于系统原理对馆藏信息资源进行科学、合理的空间组合，充分发挥馆藏信息资源系统功能的活动。过程。

（二）控制原理

控制原理是控制论的理论核心。在控制过程中，控制者通过对系统不断施加作用和影响来达到系统预定的运行目标，而系统则在不断适应运行目标的过程中及时反馈各种信息，使控制者纠正偏差，确保目标的实现。控制原理和系统原理有着内在的联系．如果说控制原理是解决系统运行状态和规律问题的理论基础的话，那么系统原理是解决系统自身组织层次问题的理论基础。

一个最佳的馆藏信息资源系统。不仅能够将系统内的各要素进行有机结合，合理周转和运行，而且还应具有不断自我调节和与时俱进的功能。这些功能的实现都有赖于控制原理的指导和运用。馆藏信息资源管理的目的是优化馆藏信息资源结构，完善信息资源体系的调节与控制功能，并达到最佳的运行状态，从而使馆藏信息资源不断适应社会发展的需要，最大限度地满足社会信息需求。在图书馆信息资源组织管理中如何建立控制与协调机制，实现信息资源体系的结构优化和布局的整体性目标，是馆藏信息资源组织与管理的重中之重。

馆藏信息资源组织与管理是辩证统一的整体，馆藏信息资源的组织是信息资源建设的基础性工作，是将馆藏信息资源由分散变整体、由孤立变系统的过程；而馆藏信息资源的管理则是在有序化的基础上，针对某种目的，依照结构功能优化原理对信息资源结构进行优化的过程，它是信息资源序化的继续与升华。馆藏信息资源组织管理是图书馆实现信息资源社会利用的最重要的条件之一，是实现信息资源不断增值。提高社会价值的主要依据。

三、信息资源组织管理的内容

信息资源组织管理大体涉及三个层面的内容：

（一）信息资源布局结构的规划与组织

信息资源体系结构的规划是图书馆信息资源开发利用的关键和核心问题。发挥馆藏信息资源的作用，最大限度满足图书馆读者不断变化的信息需求，是对信息资源组织管理的具体要求。信息资源布局的结构直接影响着图书馆服务的保障能力。

信息资源布局结构规划的目标是将相对有限的信息资源组织成为一个具有科学层次结构和合理空间布局的网络系统和保障体系。它需要解决四个方面的问题：①选择什么样的模式组织馆藏信息资源；②选择什么样的思路保证馆藏信息资源的持续发展；③选择什么样的方式序化馆藏信息资源；④选择什么样的策略提供读者利用。

为实现这一目标，图书馆信息资源的组织与管理应做到：在空间区域上，以馆藏信息资源的学科分布为主线，将各种载体的信息资源与读者的信息需求有机结合起来，形成不同的信息资源利用空间；在时间范围上，充分反映和有效组织不同时期人类文化知识成果，传承历史，延续人类文明的发展脉络；在数量发展上，强调存量与增量的配置，品种与复本的关系处理，各种载体形态的信息资源相互补充。力图通过对信息资源组织结构层次规划和研究，建立最优化的馆藏信息资源组织模式，形成结构合理的信息资源保障格局。

（二）信息资源的序化和管理

信息资源的序化和管理是图书馆信息资源组织管理基础性的工作内容。是在信息资源布局结构规划的指导下所开展的具体活动，目的在于保持图书馆信息资源体系的层次性、有序性及有效性。

信息资源序化和管理包括信息资源的组织与排架、信息资源的复选与剔除、信息资源的保存与保护等工作内容。信息资源的组织与排架是按照一定的排列方式对图书馆已加工处理的信息资源进行的再序化，以确定信息资源准确位置的过程：信息资源的复选与剔除是对图书馆信息资源内容进行的再筛选，以优化馆藏结构，节省馆藏空间．增加馆藏信息资源体系活力的过程；而信息资源的保存与保护则是对馆藏信息资源的载体形态的维护和修复、延长信息资源使用寿命的过程。可以看出，馆藏信息资源的序化和管理是一个建立信息资源流通渠道的完整过程，其畅通与否直接影响图书馆读者对信息资源的利用效率，影响信息资源体系利用的质量。

（三）信息资源评估活动的组织

信息资源的评价是图书馆信息资源建设中的重要内容，也是信息资源组织管理工作的最后一个重要环节。信息资源体系评价活动是对信息资源组织管理工作进行的全面检验，也是对信息资源体系运行状态进行的目标校正和信息反馈。它通过运用各种定性的和定量的方法，对信息资源体系的结构和功能进行检测，找出既定目标与实际效果之间的差异，为完善信息资源体系的功能，优化图书馆信息资源体系结构，提高图书馆服务能力提供可靠的依据。

信息资源评价的对象是信息资源，包括传统馆藏信息资源中的印刷型文献和少量的缩微文献、声像资料、机读资料和光盘，以及数字馆藏中的各种电子文献和数据库，同时还包括以联机数据库和网络信息资源为主的虚拟馆藏。因此，对馆藏信息资源质量评价的内容应充分体现其整体性，不仅要对图书馆的馆藏能力以及馆藏建设的系统运行状态进行全面的衡量，实施总体控制与调节，而且还应对馆藏信息资源建设的全过程进行检验，分析信息资源采集与组织管理的方针与原则、发展规划及相关政策、经费配置等问题。

四、信息资源组织管理的方法

随着图书馆电子化、数字化信息资源的迅速发展。信息资源品种和数量不断增多．馆藏信息资源体系不断扩展，信息资源的组织管理方法也多种多样。信息资源为组织管理大体可以从信息资源内容和信息资源形式两个方面进行。

（一）从信息资源内容方面组织

对图书馆信息资源从内容方面进行组织是馆藏信息资源组织的重要方法之一。它是根据信息资源的内容特征，使用一套含有语义关系的符号系统来组织信息资源。这种信息资源的组织方法就是内容组织法。内容组织法对馆藏信息资源不仅具有序化功能，而且对图书馆读者的信息资源利用来说还具有引导和认知的功能，是信息资源组织的核心方法。常用的内容特征组织法有分类组织法、主题组织法。

1．分类组织法

分类组织法是一种按照学科或体系范畴，依据类别特征组织和排列馆藏信息资源的方法。由于分类是人类活动中基本的思维方式，是从本质上揭示和把握事物之间的区别与联系的重要手段。因此，分类组织法是以知识属性来描述和表达文献内容关系的一种馆藏信息资源组织方法。

2．主体组织法

主题组织法是根据信息资源内容相关主题概念的特征进行馆藏信息资源组织的方法。如果说分类组织法是信息资源内容的逻辑关系顺序进行馆藏信息资源组织的话，那么主题组织法则是从事物本身、从文字的形式上进行馆藏信息资源组织的方法。它以语词作为检索标识，按字顺进行馆藏信息资源的排列，并将同一主题的内容聚集在特定的空间内提供利用，具有较强的直观性。

（二）从信息资源形式方面组织

从信息资源形式方面进行组织的方法是指根据信息资源的外部形式特征和物质形态特征进行组织的方法。由于馆藏信息资源的多元化，使图书馆信息资源的组织利用方式多种多样，这种多维的特点形成了读者利用的基本条件。也是馆藏信息资源组织序化的基本要素，因此，按照信息资源的外部形式特征和物质形态特征进行信息资源组织就成为信息资源组织的基本方法。常见的组织方法有：出版形式组织法、载体形态组织法、时序特征组织法、地序特征组织法等。

1．出版形式组织法

根据信息资源的出版编辑形式进行的组织方法。图书馆按照信息资源的出版形式，将信息资源划分成图书、连续出版物、特种文献等不同的组织空间，在构建馆藏信息资源集中利用通道的同时，也便于按照信息资源的出版特点进行集中管理，如注重图书收藏的系统性与针对性，注重特种文献收藏的完整性和全面性，注重连续出版物收藏的连续性和时效性等，使图书馆信息资源体系得到充分的体现与利用。

2．载体形态组织法

根据馆藏信息资源外部单元的载体形态特征进行组织的方法。在信息技术环境下，新型的信息载体不断出现，改变了图书馆信息资源体系的载体结构，丰富了图书馆馆藏信息资源的类型。为了使不同类型馆藏信息资源被读者所认知和利用，图书馆根据信息资源的载体形态(如磁带、光盘、网络等)不同特点，组成不同资源的管理和利用区间，如很多图书馆将光盘文献、视听资料、缩微文献等采取集中组织的方式，在全面了解信息资源载体特征的基础上充分发挥不同载体形态资源的作用，指导读者进行有效利用。

3．时序特征组织法

根据信息资源编辑出版的时间特征进行馆藏信息资源组织的方法。这种信息资源组织方法体现了信息资源收藏的历史价值，反映了馆藏信息资源的形成和发展的历史脉络。同时，这种馆藏信息资源组织方法还能够使读者掌握相关信息资源的发展历史和社会价值。如图书馆将珍藏的古籍善本文献按照时间的顺序进行区分和集中组织，以实现妥善保存和有效利用的目的。

4．地序特征组织法

根据信息资源内容涉及的国家和地区以及信息资源出版的地理区域特征进行馆藏信息资源组织的方法。它能以地区为中心集中所有的相关馆藏信息资源，反映某一地区的历史面貌和发展，因此具有较强的系统性和地方性：如图书馆对地方文献的组织就宜采用这种方法，既突出了地方特点，也便于读者查找和利用。

总之，馆藏信息资源组织方法多种多样，图书馆可以根据自己的馆藏特点和读者的实际需要进行选择和利用。

第二节　信息资源体系建设

一、实体信息资源建设

对图书馆来讲，实体信息资源建设就是实体馆藏的建设。所谓实体馆藏就是图书馆收藏的可以直接为用户服务的实有馆藏，是指本馆拥有所有权的、可以直接阅读或者借助专用设备阅读的实际馆藏，包括传统的文献资源、电子出版物和馆藏信息数据库等。

实体馆藏是图书馆开展各项服务工作的物质基础和前提。在网络环境下，虚拟馆藏将不断充实着图书馆的馆藏，许多服务职能将通过网络来完成。但是传统信息资源仍然占据着基础性的地位，其所具有的显著特点和用户效应，使它在图书馆信息资源体系中仍然保持着重要的基础性地位，在现阶段，它作为重要的基础资源不能也无法被数字资源取代。因此，高校图书馆实体馆藏建设的指导思想应转变为围绕学校发展的总体目标，以满足本馆读者基本需求为出发点，突出馆藏特色，确保专藏。合理配置纸质文献与电子文献，促进纸质文献的积累。同时，逐步加大电子文献的入藏比例，加强馆藏数据库标准化、规范化建设，为较大程度地实现．资源共享提供物质基础。

（一）加强特色馆藏的建设

图书馆的发展方向是实现馆际之间和网络上的资源共享，但其前提必须是各馆特色文献的建设。图书馆如果没有特色馆藏，将难以强有力地吸引本地用户利用现实馆藏，更难以吸引异地用户利用其虚拟馆藏。没有特色的图书馆将会失去存在的价值。因此，图书馆在满足本馆主要用户需求的基础上，必须突出馆藏特色化建设，即根据本馆的地区特点、专业特点和本馆重点学科的建设发展方向，以需求为导向，确定本馆特色馆藏的建设范围，使本馆馆藏在某些学科领域或某个专题方面，在品种、数量和质量上达到一定规模和水平，具有较高的学术价值。建设特色馆藏，应力求保证文献的完整性和连续性。如广东省中山图书馆从 20 世纪 40 年代开始收藏广东地方文献专藏，至今藏书量达数十万册(件)，已形成独具特色的馆藏，该馆的孙中山及南海诸岛特色文献资源优势，是其他单位所莫能及的。四川农业大学图书馆在实体馆藏的建设中，遵循系统性、专业性和实用性相结合的原则，以满足教学和科研的需要为出发点，以大农业及其相关学科文献为主，确定本馆特色馆藏的建设范围，全面收藏大农业及其相关学科的专业文献，重点收藏农学、畜牧兽医、林学园艺等学科文献，适当收藏学位论文、标准文献、专利文献等特种文献，注重文献信息采集的系统性和完整性，逐步形成本馆的藏书特色，将有限的经费优先用于保证重点学科、优势专业以及精品课程文献资源的建设上。

(二) 合理设定文献种类与复本量

经费不足与如何满足读者要求的矛盾，是图书馆员常常碰到的棘手问题。首先是读者需求多种多样，学校所拨经费不可能满足所有读者的所有需求，只能是尽可能地配合教学大纲满足教学所需和尽量满足读者要求。其次，学校所拨经费不能与图书价格的升涨而同比增长。这只能迫使图书馆根据本馆情况，在复本量上做文章。或按照“种多册少”的原则，或按照“种少册多”的原则采购文献。目前，我国每年大约出版图书 10 万多种，出版图书和每个单位购书数量不成正比，远远不能满足读者需要。一些大学图书馆就采取重点专业图书每种 3 册，相关专业每种 2 册，一般人文教育、科普等类图书每种 1 册的原则。这样，在经费不变的情况下，增加了采购图书的品种，对开阔学生眼界，增大阅读量起到了一定的作用。

(三) 扩大收藏类别

实际上，馆藏文献资源除了传统纸质载体的书、报、刊以外，同时包含在高校教学科研及社会活动中产生的大量科研成果，如教师科研论文、大学生毕业设计、硕士博士论文等。收集利用好这些信息，是高校图书馆的一项重要任务。图书馆要加强对开发信息来源渠道重要性的认识，充分发挥信息集散地的功能。

(四) 加大电子出版物的入藏比例

电子出版物是指以数字代码方式将图文声像等信息编辑加工存储在磁、光、电介质上，通过计算机或具有类似功能的设备读取使用，用以表达思想、普及知识和积累文化，并可复制发行的大众传播媒体。电子出版物的表现形式和内容多种多样。按载体分有磁、光、电介质，按类型分有电子图书、电子期刊、电子报纸、软件读物等。由于电子出版物集“图、文、声、像”于一体，且具有种类多、体积小、容量大、检索方便、读取速度快、多用户共享、便于上网实现资源共享等特点，从而解决图书馆复本少、拒借率高、购书经费紧张、藏书空间不足等矛盾。如《中国大百科全书》印刷型版本一共有 74 册，而制成电子文献后仅有 4 张光盘。电子出版物的优点决定了其馆藏数量在现实馆藏建设中的比重正在逐渐加大。为此，要求图书馆的采访策略做出合理调整，对市场上众多的电子出版物做好调查研究，确保入藏电子文献的质量。另外，电子出版物易于在校园网、局域网上流通，在计划购入时，应与本地区、本系统图书情报机构互通信息，避免不必要的重复浪费。目前，对电子出版物的计量、编目和存放管理没有统一科学的标准，各馆都是在工作实践中不断探索和完善，这方面希望能尽快出台成文的标准来规范管理。

(五) 合理配置数字化文献资源

在购置数字化文献资源时应注意处理好以下问题：一是在数字化文献方面，按照国际、国家标准，完善实体馆藏书目数据库建设，积极创造条件将部分特色馆藏及师生最常用的参考书籍数字化；二是以补充印刷型文献馆藏、切实提高文献保障率为目标，注重选购高质量特色文献数据库；三是加强调查研究，根据校情、馆情和各种出版物的发行情况，拟订实体馆藏建设中数字化文献配置中、长期规划，并在执行过程中做及时、适度调整；四是注重本地区、本行业文献信息资源的共建共享、联合采购，以求共同发展。

(六) 加强馆藏书目信息数据库的建设

馆藏书目信息数据库(OPAC)是依托本馆的馆藏实体文献建立起来的一个查阅馆藏文献基本信息的数据库。图书馆要充分利用网络化信息传播的环境，逐步将本馆的馆藏数字化，使图书馆信息的传播、资源的共享扩大到全球范围内。馆藏书目数据库的建设是图书馆实现计算机网络化管理和资源共享的关键。一方面，实现计算机借还书的“流通”模块软件，其前提必须有本馆的书目数据库；另一方面，实现馆际合作与资源共享，必须有联合书目数据库。在数字化图书馆普及之前，书目数据库的作用尤其重要。因此，图书馆在数据库的建设中应优先开展书目数据库的建设。不断优化文献信息资源建设，使馆藏科学合理，根据学校投入的图书经费逐年大幅度增长的趋势，在实体信息资源建设上，制定与本校发展相适应的信息资源馆藏体系，加大重点学科的比例。一方面充分利用现有馆藏，另一方面不断充实、强化重点学科的专业藏书和重点学科相关的基础文献资料的收藏。拓宽文献采访渠道，不只依赖书目订单购书，还要结合现采方式，并请各系教师参与，增加采访的针对性。根据学校学科发展变化，积极参与学校重点学科建设。如合理制定学科购书比例，协调图书资源分配，有针对性地购买教学和科研所需图书，科学合理使用图书经费。

（七）数字图书馆建设和原始文献的实时提供是发展方向

信息资源建设的最终目标是要能够为广大读者提供所有可以利用的多种多样信息资源的一体化检索与原始文献的实时浏览阅读，因此构筑数字图书馆和实现原始文献的实时提供是文献信息资源建设的发展方向。任何高校图书馆在开展文献信息资源建设的同时，都要用系统论思想把印刷型资源和电子资源有机有序地进行组织，对于那些拟新增数据库和电子资源的图书馆，要本着共建共享的思想，首先考虑可否利用网络和信息资源共享方式获得，其次才是考虑引进。要开辟多渠道共享信息资源的数字图书馆建设计划，最大限度地节省资金，实现文献信息资源的全面、快速、可持续发展。

二、虚拟信息资源建设

虚拟信息资源源于现代网络信息资源，但并不是所有的网络信息资源都可以成为图书馆的虚拟信息资源。只有经过筛选、加工、组织，可为图书馆提供服务的网络信息资源才能称为图书馆的虚拟馆藏。虚拟馆藏是指图书馆没有所有权，但通过网络可以有偿或无偿利用的国内外图书馆、文献信息单位以及 Intemet 上的各种文献信息资源。

拥有还是存取对图书馆来说并不是一个新的课题。早在 20 世纪 70 年代，在美国《图书馆杂志》《图书馆趋势》等重要学术期刊上，就出现了讨论“存取”与“拥有”关系的论文。只是在网络技术高度发达之前，“存取”的实现在技术方面还存在着障碍。进入 90 年代，随着互联网技术的迅速发展，信息的传播突破了时空界限，图书馆能够十分便捷地借助网络获取本馆以外的信息资源，这种资源的异地存取使各图书馆的馆藏无形中扩大，读者能够获取的信息也大大增加，而且事实证明，对利用率低的文献，通过存取获得在经济上更为划算。这就使存取理论有了发展空间，人们对信息资源建设的研究，也出现了从重分工收藏到重有效利用的转变。在今天，信息资源建设的目标不是占有资源，而是在用户需要的时候能够更方便更及时地提供给用户；不是建立有保障的“库存”，而是有保障的“供应链”；对信息资源建设的评价和考核的指标主要不是资源的占有率，而是用户需求的保障率。但是，存取与拥有并不是相互取代的，而是一种相互辅助、长期共存、缺一不可的关系。脱离实际信息资源为后盾的单纯的网络信息存取能力是很难成为图书馆核心能力的。不论什么图书馆都应以文献实体资源为载体，要针对自己的需要有较完备的收藏，建立起自己比较强的文献资源保障。网络环境下图书馆应该考虑的是如何在拥有和存取之间寻求一个平衡点，如何确认所需要的信息资源中，哪些应收藏实物，哪些通过馆际互借获得，哪些依靠网上查询索取。

虚拟馆藏将成为现代图书馆馆藏发展的方向，这已经是整个图书情报界的共识。应利用现代网络信息资源组织与管理技术，如元数据、MARC、分类、主题、门户等先进技术，提高图书馆对网络学术信息的组织水平，增加获取虚拟馆藏的途径，提高获取虚拟馆藏的能力，构建和不断完善图书馆向用户提供网络信息服务的平台。图书馆只有建设和充分利用虚拟馆藏，才能使图书馆在信息服务中拥有更为完善、坚实的后盾，促使图书馆的功能和作用在现代化的信息环境下得到充分的发挥。

在硬件设备及环境条件都准备好的情况下，图书馆可以通过以下途径实现虚拟馆藏的建设。

(一) 购买或相用联机检索数据库的使用权

联机检索数据库是图书馆通过签约付费，可以远程登录并在线利用的电子信息资源。但这些电子信息资源(数据)存储在数据库提供商的服务器上，而不是在图书馆内。图书馆对它们只有检索使用权(在签约付费时间范围内)，而没有永久拥有与使用权。建立联机检索数据库形式的虚拟馆藏，主要有两种方式：

1. 图书馆之间签订协议

网络环境下，一个图书馆的现实馆藏同时又是其他馆的虚拟馆藏，图书馆之间通过某种协议或申请手续，便可以相互利用对方的电子馆藏。

2. 图书馆与数据库提供商签订协议

协议规定双方的权利、义务、购买或租借的方式、价格及计费方法等。相对于网上众多无序的免费资源来说，联机检索数据库按学科组织和排序，针对性和检索功能强，更适合科研、教学、商务、政府等用户的需要。因此，通过签约付费获得联机检索数据库的使用权，是图书馆虚拟馆藏建设的重要方式。

但全国很多高校图书馆对这些引入的虚拟馆藏的重组与进一步开发做得还很不够。不过也有一些图书馆对其进行了整合与揭示。如西安交通大学图书馆将其引进的外文数据库中全部期刊进行了 MARC 编目，整合在 OPAC 中。清华大学图书馆、北京大学图书馆、南京大学图书馆等也积极地对引入的虚拟馆藏进行了编目处理。

(二) 通过网际协作利用外馆文献

网际协作是在网络的基础上建立的全新的文献信息资源共享模式，高校图书馆之间的网际协作是适应教学科研文献信息需求大幅增长的有效措施。互联网技术的迅速发展，使得各高校图书馆通过网络正在逐步成为一个相互关联的虚拟图书馆整体。高校图书馆之间的网际协作的根本优势在于，便于协调各馆间文献信息资源的收集、整理与共享，任何成员馆可以根据约定的协议使用其他馆的上网文献数据库、书目甚至原始文献及各类信息资源。

(三) 开发利用因特网上的信息资源

因特网最大的特点是海量和迅捷，最大的缺陷是迅速增长的信息资源呈无序化状态。因特网上的信息资源要成为本馆的虚拟馆藏，必须经过技术处理，使之有序化。因此，图书馆要有目的地选择、组织网上信息资源，为上网查询信息的用户提供指引和帮助。网络信息资源开发与组织的方式主要包括网站评价与导航、专业信息指南系统建设、信息资源指引库建设等。网络信息资源的选择标准一般应考虑用户的信息需求、信息的内容质量、信息的形式特征、使用的方便程度、使用和运行环境、成本效益等。

(四) 开发和建设指引库

开发和建设指引库是开发利用网络信息资源的关键。指引库又称虚拟数据库，是指所建立的数据库，从物理上讲并不存储实际的信息资源，它存放的是有关主题的数据库或服务器的网址，它通过数据库系统对因特网上与某一或某些主题相关的网址进行集中、分类、整理等管理，按照方便用户检索的原则，用用户熟悉的语言把这些网站组织起来，以主题树的形式提供给用户相关信息资源的分布，指引用户查找。指引库最大的特点是把专业信息集中在一起，方便用户查找某一类的信息，弥补了搜索引擎的不足。可以形象地说，因特网是信息的海洋，指引库是导航图。一个好的指引库，应该是所指引的有关网站要尽量多，对有关网站的分类要分得细(最好能检索)，所指引的网址越接近主题内容越好(尽量减少用户点击的次数)。因此，图书馆在开发和建设指引库时，应注意以下几点：

(1) 链接尽量多的信息来源可靠、参考价值高的网址。

(2) 严格按照某种分类体系对信息资源进行分类，并尽量细分，以减少用户的多次转移链接。

(3) 在相关的信息源之间建立起直接链接，争取较高的查全率。

(4) 利用自动跟踪技术及时更新指引库。

(五) 下载和组织网上的信息

图书馆根据稳定用户的需求和本馆特色数据库的要求，将网上搜集到的相关信息通过相应的软件下载到已经设计好的数据库，经过分析、组织和整理，从中提取有价值的信息，过滤掉无用信息，最大限度地利用网上有效信息丰富馆藏资源，提供满足用户需求、方便用户利用的网络学术资源，使之成为本馆特色数据库的重要组成部分。

三、信息资源的整合

（一）信息资源整合的内容

1. 馆藏信息资源与各类信息资源的整合

(1) 加强馆藏信息资源与网络信息资源的整合。

网络信息资源是指以电子数据形式把文字、图像、声音、动画等多种形式的信息存储在光、磁等非纸介质的载体中，并通过网络通信、计算机或终端等方式再现出来的资源。网络信息资源的出现，打破了图书馆传统的信息组织与加工的形式，信息资源的构成类型也由此发生了根本性变化。网络资源不受空间、时间的限制，能随时随地满足读者获取信息的需要，也使得图书馆在信息资源建设上更加的丰富多彩，现已成为重要的信息资源来源。因此，只有对馆藏信息资源与网络信息资源整合，才能满足读者对信息资源的全方位、综合化需求，才能使图书馆的信息资源建设朝着现代化、科学化发展。

(2) 注重对数字信息资源的整合。

对馆藏纸质文献资源进行 MARC 编目，形成馆藏书目，通过 OPAC 系统，把馆内信息资源与网络信息组建起馆藏文献资源数据库，使各种类型的文献资源实现纵向整合，构成为系统化、整体的信息资源数据库，为读者提供检索服务，把图书馆局部资源优势转变为整体优势，方便读者获取自己所需要的信息，不断满足学校教学、科研发展需求，发挥出图书馆信息资源的最大优势。

(3) 要以学科、专业建设来组织信息资源整合。

建立学科、专业信息门户，通过收集某一领域学科、专业中研究机构、实验室、图书、期刊、工具书、会议论坛、专家学者、科研报告等信息资源。根据读者的兴趣、层次、类型等变化，结合馆藏文献资源的结构，为读者提供更专业、更深入的数据检索，为读者获取相关信息提供便利。

2. 加强高校图书馆信息资源与地方文献信息资源建设的整合

积极参与信息资源建设，为经济文化服务，是推动图书馆信息资源建设，实现图书馆文献信息资源的共建与共享，提高图书馆文献服务价值的必然之路。建立高效校图书馆与地方文献资源共建共享协调服务体系，成立以地方文化服务机构为主管，以省市图书馆牵头的高效图书馆等单位的联合机构，明确分工，以资源共享，优化基于书目管理系统 OPAC 的资源整合。OPAC 系统是图书馆检查系统中最基础的检索工具。OPAC 全称 Online Public Access Catalogue 在图书馆学上被称作“联机公共目录查询系统”，读者通过万维网实现图书的查找和借阅，是传统图书馆读者熟练掌握的检索工具。OPAC 可以通过在 MARC856 字段中记录电子文献的 URL，方便读者能够方便、快捷地查询实体馆藏资源和数字资源信息，实现馆内信息资源的整合。还可以通过 Z39．50 协议实现与外部数据的整合，生成联合馆藏书目查询系统。OPAC 通过这两种形式的整合，不受馆内资源和书目服务的限制，方便地使用到馆外的或数字化的文献资源。塔是一种目录级的整合，根据整合的对象可以划分为馆内资源整合与馆外资源整合。读者可以一站式查询和获取所需的信息资源。

（二）信息资源整合的模式

1．跨库检索技术模式

跨库检索也被称为联邦检索，多数据库检索，集成检索，统一检索等。但究其原理，都是基于跨库检索系统的整合，以多个分布式异构数据库为整合的对象，整合后系统为用户提供统一的检索界面和信息反馈，从而实现多个数据库的同时检索。整合后的界面没有自己的资源数据库，它仅仅是建立一个代理界面来接受用户的检索请求，并将这些请求转换成相应的数字资源系统方法和检索语言，并将各个资源系统返回的检索结果进行排序和整合。这种整合方式避免用户逐个登录数据库、输入检索条件，提高了用户获取信息资源的效率；

检索的结果以统一的格式、统一的标准排序，方便了用户的浏览和选择。但是由于技术的原因，检索时只能利用源数据库“共同”或相似的检索模式，源数据库有特色的检索模式可能不能利用，不支持高级检索，查准率和查全率较低。当前在跨库检索系统开发方面，全球都有一些实践推进，如美国加利福尼亚大学的数字开发的跨库检索系统 SearchLight 开发的 OCLC Search，ISI Web ofKnowledge 开发的 CrossSearch 等。国内也有很多研究机构和图书馆开发了跨库检索系统，如中国科学院国家科学图书馆的“找科学数据”跨界检索系统，CALIS 统一检索系统等。

2. OPAC 技术模式

OPAC 技术模式简单而言可以理解成数字化的网络图书文献资源目录，这往往是用户利用．图书馆资源最常见的方式。这样的整合模式以联合目录为基础构架，依托于图书馆管理系统，显示所有本馆书目和其他馆、机构所藏书目资源，并以统一检索入口的方式向用户提供服务。从技术原理来看，往往是通过 Z39．50 协议实现馆际 OPAC 数据库的整合，利用 MARC 记录里的 856 字段揭示信息条目实现资源贯通。这种整合模式解决了实体馆藏资源和数字资源的对接问题；用户不需要熟悉新的系统和检索方式就可以利用外馆的数字信息资源。但是对于数据结构和通信协议存在差异的数据库之间的整合无能为力；由于人力、物力和知识产权等问题的限制，实现全面信息资源整合的可能性较小；电子资源的链接地址也不能随意更改，系统维护成本较高。国外本领域的实践已经进入到新的多媒体跨库整合的层面，我国也在这方面进行很多有益的探索。我国国家图书馆的联机公共目录查询系统，也是基于 OPAC 开发的统一检索平台，整合了馆藏的中文、特藏、外文文献数据库，向用户提供便捷的服务。

3. 资源导航技术模式

资源导航是由专业人员利用相关信息方法、软件、系统和平台，对网上开放存取的有价值资源进行收集、描述、分类、重新组合，开发出更方便利用的方式，甚至还可以提炼出更有价值的深层次信息。从流程上而言，以学科学术资源导航为例，首先是通过网络信息搜索工具获得相关的信息条目，依照学科主题进行分类，再依据分类从目标开发存取数据源抓取信息，经过过滤整合存储，依照一定的格式，形成网络学术资源导航库，提供给用户使用。国内的大型资源导航门户)以 CALIS 开发的重点学科网络资源导航门户为代表，其整合了国内哲学、经济学、法学、教育学、文学、历史学、理学、工学、农学、医学和管理学等重点学科重要研究机构和高校的网络资源，提供分学科门类和一站式检索服务。

4．动态信息链接技术模式

信息链接，即采用一定的技术手段如超文本链接技术，将信息实体间及信息实体基本属性间的内在关系组成一个有机统一体的资源整合方式。基于信息链接的整合是通过超文本链接机制，将存在于异构资源系统中的信息实体及信息实体基本属性间的内在关系整合起来，组成一个有机的信息网络。链接技术有静态和动态两种，动态链接由于能够随着链接环境的改变而做出调整，避免了死链接问题，在当前引发了大量的探索。如基于美国国家信息标准组织标准为由提出的开放链接标准研发相对应的资源链接模块，采用 ExLibris 公司推出的网络数字资源无缝链接软件系统 SFX 进行图书馆数据库整合。

5．学科信息门户应用模式

学科信息门户是一种网络信息组织工具，也是图书馆实现学术信息资源整合的一种重要方式。它是在网络信息资源飞速增长的情况下，将特定的一个或多个学科领域的自由、工具盒服务集成，为学科信息用户提供更为方便和快捷的检索和服务接口。目前国内外大量的学术研究机构和图书馆都已经构建了自己的学科信息门户。学科信息门户根据了 T．Koch 的观点，具有以下特点：一是以学科信息为主要服务内容的服务体系；二是高度集成和更新迅速的服务体系；三是以有针对性地提供关于学科信息资源方面的解决方案为目的的服务体系；四是以智能化为重要特征的服务体系。我国最具代表性的就是中国科学院国家科学图书馆按照学科特色并参照相关的国际标准分类开发的“图书情报学科信息门户”等五个学科信息门户。

6．合作数字参考咨询应用模式(CDRS)

合作数字参考咨询服务是一种以用户为导向的信息资源整合和服务模式，他是在多媒体技术、网络技术等信息技术高速发展的背景下，依托网络基础设施，由多个图书馆和情报机构共同协作，在各个部门资源和服务优化重组的基础上，突破时间、地域、语言、系统等外界障碍，通过网络数字参考咨询平台为用户提供的一种分布式的虚拟参考咨询服务。这种整合方式大大增加了服务系统后台的学术资源，形成了成员馆之间的优势互补；最大限度地提高了信息资源的利用率，实现了信息资源、智力和服务的共享：由于克服了时间、地点和语言的限制，服务的领域更加广泛；用户和咨询专家能实时交互，需求得到充分表达，使得咨询更具时效性和针对性。但是由于平台相对简单、回复速度较慢、参考咨询人员素质不齐、宣传力度不够等问题，为用户对系统的使用带来一定的不便。

(三) 图书馆信息资源共享平台建设

目前，图书馆信息资源服务与共享平台主要有馆藏信息资源数字化、数字信息资源服务和数字信息资源共享等三个平台。

1．馆藏信息资源数字化平台建设

依托图书馆现有馆藏图书书目数据库，加强馆藏纸本信息资源数字化建设，逐步实现馆藏纸本资源的数字化，建立馆藏图书、期刊等信息资源全文数据库。同时，实现馆藏其他非数字化特色资源的数字化建设，包括检索科技成果全文数据库、非书资料(音频视频)数据库、数字档案信息数据库、教师著作数据库、学生学位论文全文数据库等。通过馆藏信息资源数字化建设，将馆藏非数字化纸本信息资源数字化，使得用户不用到图书馆也可以直接得到所需文献信息全文。引进专业信息资源数字化加工软件及大容量存储设备，采用元数据索引技术，加强数字信息资源的整合与利用，提高资源加工标准，保证信息资源数字化建设的高标准高质量，建立高标准的数字信息资源加工基地。

2．数字信息资源服务平台建设

围绕数字信息资源，加强数字信息资源服务体系建设，健全和完善数字信息资源服务的制度，拓宽数字信息资源服务范围，改革数字信息资源服务模式，彻底淘汰传统的坐等用户上门的被动服务。将图书馆各类型信息资源进行整合，构建图书馆统一检索平台，开发馆藏信息资源统一分类导航，实行“一站式”跨库检索，使得用户可以一次完成不同类型、不同数据库的文献信息资源检索，代替用户逐个登录数据库检索的烦琐，大大节省用户检索时间。通过构建个性化服务平台，可以针对性地为单一用户开展个性化专业服务，如学科热点前沿问题报道、最新定制学科一次、二次文献推送、本学科会议展览召开信息等，为用户构建个人数字图书馆，用户通过个人数字图书馆就可以全面掌握本学科专业相关最新专业信息。采用移动云计算的架构，构建图书馆移动服务平台，与现有数字图书馆保持一致性和无缝性，实现用户利用手机等移动上网设备对各类信息资源进行统一检索和全文访问。通过图书馆移动服务平台还可以设置个人空间与图书馆 OPAC 系统的对接，实现了馆藏查询、续借、预约、挂失、到期提醒、热门书排行榜、咨询等自助式移动服务。并可以自由选择咨询问答、新闻发布、新书推荐、借书到期提醒、热门书推荐、预约取书通知等信息交流功能。随着图书馆数字化进程的深入，用户利用图书馆信息资源不再需要到图书馆才能检索，图书馆如何能及时掌握用户的文献信息需求，了解用户使用图书馆过程中的疑难困惑，这就需要建立图书馆咨询服务平台，随时和用户在利用图书馆中的各种问题。让用户体会到虽然没有到图书馆，但是图书馆服务随时伴随其左右。

3．数字信息资源共享平台建设

在尊重知识产权的基础上，充分利用数字信息资源的无限复制性，构建数字信息资源共享平台并开展数字信息资源共享服务。通过远程登录、实时咨询、代办代查等方式，开展参考咨询、定题服务、文献传递、馆际互借等共享服务，为用户提供信息服务。

第八章 图书馆信息资源的开发与利用

第一节 图书馆印刷型信息资源的开发与利用

对于我国图书馆大多数用户而言，阅读、浏览传统的印刷型文献仍然是获取信息、积累知识的主要方式。图书馆历来提倡“以用户为中心”的理念，从这一角度出发，图书馆也应该将传统印刷型信息资源建设继续作为信息资源建设的重点之一来发展。

一、图书馆纸质图书的开发与利用

随着数字信息资源的飞速发展，越来越多的电子阅读途径正在威胁着传统纸质图书的生存与发展，但是纸质图书作为两千余年来人类历史文明传承最重要的媒介。纸质图书所具有的真实感和文化品位依然有着不可替代的地位。

（一）纸质图书具有的优势

1．纸质图书有利于长久保存收藏

纸质图书具有很好的稳定性或永久性，如果保存完好。纸质图书是能够永久地保存下来的。人类源远流长的文明成果、大量的文化遗产，有文字记载的历史，大多都是通过甲骨、竹简、丝帛等属于纸质图书的记载来保存和流传下来的。

2．纸质图书不受时间和空间的限制，并且可以表现出人的阅读习惯和阅读专感

纸质图书可以在任何时间、任意地点进行阅读，并且拥有独特的书之味、文化之味。纸质图书是读者进行深度阅读的重要载体，在精读时，勾勾画画、圈圈点点，对其精彩部分可以反复阅读、品味或者吟诵，甚至摘抄，并且可以通过图书的装帧、设计以及纸张的质感，甚至是印刷带来的墨香，创造一个整体的美的

氛围。

3．纸质图书不受阅读载体限制

纸质图书具有容易普及的特点，识字即可、老少皆宜，不需要用其他的设备，不需要掌握电子阅读方式中必须要会的操作技巧。

(二) 提高图书馆纸质图书的开发与利用策略

长期以来，图书馆是纸质图书的主要收藏地点，而纸质图书既是图书馆重点收藏的文献类型，也是图书馆工作的重点。网络环境下，多种阅读方式的出现，冲击着纸质图书在图书馆的作用和地位。图书馆要“巩固”纸质图书的阵地．必须做好传统纸质图书的传统服务与创新服务，提高纸质图书的开发与利用，满足读者对纸质图书的不同需求。

1．提高图书馆纸质图书的采访质量

图书馆采访工作的主要职责是使图书馆资源与读者需求达到最大匹配，以确保读者的需求能够得到最大限度的满足。图书馆的文献采访工作关系到文献入藏的质量和数量．采选质量直接影响到馆藏质量，也直接影响到图书馆馆藏资源的建设和利用及为读者服务的水平。

(1) 利用 OPAC 了解一定时期内图书借阅情况。

OPAC(Online Public Access Catalogue)在图书馆学上被称为“联机公共目录查询系统”。通过 OPAC 系统直接提供的诸如外借排行、热门书排行等统计数据，及时掌握各类图书的流通情况，适时调整采访策略。同时，还可以利用 OPAC 系统的借阅数据，采用一定的统计分析方法进行进一步分析，如可以分析某些人群的借阅数据．找到该全体大多数阅读者的需求信息。

(2) 读者推荐，加强高校图书采购的针对性。

了解读者的需求，购读者所需，为读者所用，提高纸质图书的利用率。图书馆网页可建立读者荐购专栏、建立 QQ 读者群，读者随时推荐自己需要的图书，采访人员能及时回复，并购买。同时，采访人员把书商提供的最新书目及时挂到网上，读者可选择需要的图书，采访人员根据读者推荐图书的次数，由采访人员集中整理并向书商下订单。图书馆还可以建立学科馆员制度，及时了解各院系部门的专业需求，可以组织院系师生进行图书的现场采访，参与到图书馆图书的采购环节，成为图书馆图书采购的决策者。

(3) 提高图书馆采访人员专业素质，把好图书预订、验收关。

采访人员素质是影响图书采访质量的重要因素。采访人员要具备一定的图书馆学、目录学等相关知识，一些专业图书馆(如医学图书馆)人员需具备相关专业知识，而且应该熟练掌握计算机及网络技术的应用。图书馆验收工作是对所采访图书质量的再次把关，通过手工验收或是机器验收方式控制图书质量。

2．提高图书馆纸质图书的流通工作，发挥好图书馆“窗口”的作用

(1) 拓展图书馆借阅服务内容，提高图书馆纸质图书利用率。

首先可以提高图书馆借阅图书的册数，让读者可以一次借阅到更多的图书。其次可以完善读者在网上公众服务平台直接完成图书的预约、续借等服务功能，方便读者的同时减轻图书馆工作人员的工作量，可以把更多的精力投入到其他环节。第三可以在图书馆设置热门考试纸质图书专门借阅区，满足特殊读者的需求。

(2) 营造温馨的借阅环境，提高图书馆纸质图书利用率。

图书馆流通部是读者获取知识的重要场所。从图书馆的整体布局来看，应营造一种美好创新、积极进取、沉稳安宁、激发灵感的学习空间，根据读者的需求，对图书馆进行结构调整，根据读者新鲜事物感兴趣程度对图书馆资源进行合理的布局，使图书馆空间功能多样化，布局要舒适、合理、便捷。图书馆流通部凭借良好的借阅环境与和谐的人性化服务氛围吸引众多读者，提高纸质图书的利用率。

(3) 做好图书馆宣传服务，开展纸质图书的检索、导读等读者培训服务。

丰富的读书宣传活动，包括新书展览、专题书展、征文活动、读书节与读书月活动、评选优秀读者等活动，激发读者的借阅热情。

通过开设各种主题讲座。比如：新生入馆教育、“纸质文献的检索与利用”课程的开设和各种检索系统与途径的讲座等等，有针对性地满足读者研究课题的实际需要。

导读工作同时也是图书馆读者工作的重要环节。在了解和研究读者阅读需求的基础上，积极响应读者选择阅读范围，引导读者正确领会文献内容，帮助读者学会利用纸质图书的一种服务方式。按其内容范围及目的方法可以概括为：指导读者利用图书馆；指导读者利用图书馆目录；指导读者利用参考、检索工具；指导读者阅读图书。尤他们有必要借助图书馆这一知识宝库来了解和认识社会，使自己的思想逐渐成熟起来。做好阅读指导工作是我们宣传纸质文献工作的一个主要途径。

(4) 提高图书馆工作人员的服务意识与水平，建立“读者至上，服务第一”观念。

现代数字信息资源的快速发展无时无刻不在冲击着纸质图书的生存和发展，作为图书馆的工作人员必须改变传统服务方式变被动为主动，为每一名读者服务，要从实际情况去了解读者真正需要什么样的服务，将服务落实到平时的日常工作当中去。加强忧患、危机意识，通过多种途径来提高工作人员自身的专业知识水平与服务实践能力，提高读者的阅读兴趣，从而吸引更多的读者进入图书馆利用纸质图书。

二、图书馆纸质期刊的开发与利用

(一) 纸质期刊的独特优势

1. 内容可信度高，提供最新最全的信息情报

纸质期刊作为一种传统的信息传播方式，特别是在经过严格的审查与编审校订后，所发布的信息具有一定的权威性及可信度，经得起推敲。同时纸质期刊作为同行业者交流与学习的平台，许多高校的最新创新成果和科研理论都是第一时间以学术论文的方式发表在纸质期刊上的，纸质期刊作为学术阵地，具有很强的学术权威性。

许多高校虽然购买了诸如维普、万方、CNKI 等数据库，但一般都是镜像站点用户，因为受公司人手少、用户太多和某些技术因素的影响，不可能实行实时

更新，往往要滞后3～6个月不等，这势必造成不能及时掌握最新的资料。另外，因为版权的原因许多纸质期刊拒绝电子期刊数据库的收录，这样就有许多电子期刊数据库收录小全，影响用户查阅利用。

2．纸质期刊保存时间长，阅读不受载体限制，符合人们的传统阅读方式

纸质期刊的保存期限在百年以上，甚至更久，方便后来人对历史信息进行解读与利用。纸质期刊可以直接阅读与传阅，不受阅读设备和技术条件的限制，携带方便，可以随时随地翻阅，阅读起来更舒适、更便于思考。

（二）提高图书馆纸质期刊的开发与利用策略

网络环境下，电子期刊作为新媒体的一种发展迅猛，成为图书馆不可或缺的馆藏期刊资源，传统纸质期刊受到很大冲击，导致很多图书馆的纸质期刊不能发挥挥其真正文献价值。很多期刊阅览室到馆阅读的读者越来越少，纸质期刊的利用率严重下降。想要提高高校纸质期刊的开发与利用，可以从以下几个方面着手：

1．提高图书馆纸质期刊的征订管理工作，建设科学合理的馆藏结构

(1) 根据高校专业特色及科研方向入藏。

不同的高校有不同的专业特色。图书馆要了解本校的重点专业．有选择建入藏对本校有价值的期刊，形成有鲜明特点的纸质期刊入藏体系。教师是高校的兰要科研力量，现在各高校非常重视科研，所以期刊订购人员要跟一线教师保持全至的沟通，采购入藏期刊时要考虑到本校教师的科研发展方向，给学校科研队伍提供最优质的文献资源保障。

(2) 根据读者的需求入藏。

图书馆期刊管理人员与期刊采购人员共同把好第一道关，平时注意了解熟悉期刊出版新动向和读者阅读倾向，注意做好期刊使用情况的记录，以便向期刊采购部门和负责人提供合理的期刊入藏建议，争取图书馆收藏的期刊是真正符合读者实际需要、专业对口的期刊，对一些利用率不高、不符合读者需要的期刊，应该提出停止订购的意见，确保期刊订购、读者要求和馆藏期刊保存做到完美结合与统一的同时，避免资金浪费，真正把每一分钱都用在实处。同时，由于经费原因大多数院校都无法完全购买电子期刊数据库，在这种情况下图书馆可以开展与本馆所订购的电子期刊互为补充的形式管理纸质期刊的征订工作。

2. 做好图书馆纸质期刊的流通工作

现在大部分图书馆对纸质期刊的利用只局限于藏与阅上，并没有进入真正意义的流通阶段。但是如果期刊只局限于阅览室阅览，其利用率会大打折扣。很多读者希望期刊像纸质图书一样可以外借，所以有条件的图书馆可以采用期刊外借的形式来满足读者的愿望。比如对于平时利用率不高的纸质期刊。读者可以直接借阅，对利用率高的纸质期刊可以通过增购复本量等方法解决。另一方面，期刊的编目、分类加工也要做到规范化、标准化，建立一个非常方便快捷完善的纸质期刊检索系统，一方面可以提高图书馆期刊部门的工作效率，另一方面方便读者查找，节约读者的时间等。

3. 图书馆实行规范化管理纸质期刊

纸质期刊分为现刊和过刊。一般情况下每天都会有新到的纸质期刊送到期刊阅览室，期刊分编人员要尽快将当天的期刊验收、盖章、贴防盗磁条、登记、分类并及时上架，让读者尽快了解到最新的科研动态，充分发挥期刊的时效性。现刊下架后就变成了过刊，各图书馆对于过刊一般是装订成合订本，放在过刊阅览室，方便有需要的读者查阅。过刊装订一般选择学术性强、收藏价值大的期刊。送去装订的过刊要及时催回，装订好后要及时分编，及时分类上架。无论是现刊还是过刊，如果出现丢、缺、破损等情况，一定要尽最大的努力进行补救。

4. 提高图书馆从业人员素质，开展纸质期刊增值服务

纸质期刊管理的工作人员，应具备网络信息资源处理能力、较高的计算机操作水平，这在很大程度上影响到纸质期刊开发与利用的深度和广度。此外。图书馆期刊工作人员要具备一定的外语水平，以便能胜任外刊征订工作和更好地为读者提供外刊服务工作。

高校期刊工作人员最好能够兼顾纸质期刊的参考咨询工作。当有读者提出纸质期刊相关的咨询问题时，工作人员应做到及时解答读者提问，并深入地了解读者的需求，主动为他们提供更全面准确的纸质期刊信息。

5．加大图书馆纸质期刊的宣传力度，培养和提升读者信息检索能力

图书馆可定期举办讲座，向读者介绍馆藏。同时积极开展利用纸质期刊的知识技能讲座，介绍纸质期刊的检索方法，提高读者对纸质期刊的检索水平，使读者能及时、准确的查找到自己所需的信息，从而提高纸质期刊的利用率。

6．优化图书馆纸质期刊的阅读环境

期刊阅览室的环境对纸质期刊的利用率也有很大影响。阅览环境的建设影响着读者的阅览心情，期刊阅览室在布局上要合理，好的阅览环境能有效地激发读者的阅读兴趣和求知欲望，从而提高读者阅读纸质期刊的积极性。期刊阅览室可以根据读者的需要，结合本校的实际情况来适当延长晚上的开放时间，吸引读者来期刊阅览室阅读。还可在期刊阅览室角落里设立安静的咖啡厅，内设少量舒适的沙发，读者可以一边喝咖啡一边阅览纸质期刊，满足少量追求时尚、享受型读者的要求。期刊阅览室内可以设无线网，以方便读者查找资料，随时随地上网冲浪。

三、图书馆灰色文献的开发与利用

灰色文献(gray literature)是一种新型信息源，一般指非公开出版的文献。灰色文献品种繁多，包括非公开出版的政府文献、学位论文；不公开发行的会议文献、科技报告、技术档案；不对外发行的企业文件、企业产品资料、贸易文件(包括产品说明书、相关机构印发的动态信息资料)和工作文件；未刊登稿件以及内部刊物、交换资料，赠阅资料等。灰色文献流通渠道特殊，制作份数少，容易绝版。虽然有的灰色文献的信息资料并不成熟，但所涉及的信息广泛，内容新颖，见解独到。具有特殊的参考价值。

高校是灰色文献的生产者，又是灰色文献的需求者。高校产生了大量高质量、高水平的灰色文献，这些灰色文献大多可以反映当前国内政治、经济、科技、文化等各个方面的最新研究成果与发展动态，具有极高的决策参考价值。图书馆灰色文献的开发与利用对高校信息资源的补充与发展具有重要意义。

（一）“灰色文献”开发利用方面存在的问题

1. 获取渠道单一，不便于收藏

灰色文献大多属于半公开或非公开出版物，一般限于本单位使用，因此获取较难。另外，灰色文献资料分散，这虽然是囿于它独特的发行流通属性，但在一定程度上给搜集、收藏灰色文献带来了困难，而且也不便于对它进行完整统一的管理。

2. 技术手段落后，缺乏规范化管理

灰色文献的出版标准规范不统一，信息相当繁杂，包罗万象，而对灰色文献的搜集、筛选、编目、组织、加工、存贮、检索、使用和服务也缺乏统一的标准和规范．并且技术手段落后，这些都极大地影响着用户对灰色文献的利用与资源共享。

3. 重视不足，观念落后，缺少协调与合作

一些高校专业图书馆管理者往往对收藏公开出版的图书资料较为重视，而潜意识中认为灰色文献“不正规”，疏于对它们搜集、开发、利用，使其应有的价值得不到发挥。有相当数量的灰色文献没有任何的出版发行，或是商业书目报道。而只被本单位收藏，导致不太可能通过其他渠道获取，难以实现资源共享。

（二）图书馆提高“灰色文献”开发与利用的措施

1. 图书馆开拓“灰色文献”获取渠道，增强开发意识，加强科学管理

图书馆可以通过关注国内外几大灰色文献收藏机构网站、加强馆际之间的合作、定时查阅相关学科、学会的出版物来广泛收集各种教学科研文献资料、及时关注本专业国内外学术会议信息、搜集学术会议上的报告资料等途径收集挑选出较有价值的灰色文献。图书馆也必须增强开发意识，动员全体工作人员关注灰色

文献的资源信息，主动了解灰色文献信息用户的需求及其变化规律。有针对性地开发高价值的灰色文献资源。

2．图书馆坚持优质开发的原则，深层次加工已获取的有价值灰色文献

高校灰色文献并非都能够转化为利用率很高的优势资源。有些灰色文献本身价值不大，虽然收集到了，但对高校目前或今后的教学、科研与行政后勤管理工作不会有多少参考价值，，一有可能是没有可供利用价值与意义的劣质灰色文献。也有些灰色文献蕴涵有不可估量的显性的或潜性的情报价值，是具有可持续开发和利用的优势与潜能的优质灰色文献。因此对高校灰色文献资源的开发要坚持优质性原则．要采取科学的手段和有效的办法来发掘优质的灰色文献资源，提高优质灰色文献资源的利用率。

对已收藏的灰色文献进行深层次的加工，有利于灰色文献情报价值的发挥。在搜集到灰色文献之后，应根据本馆文献馆藏特色，对灰色文献进行系统的整理、加工，结合本馆的收藏重点，编制索引、目录、综述等二次、三次文献。争取将其中的实用内容转化为成熟的灰色文献产品，以拓宽其信息使用范围。

3．图书馆建立完备的特色文献数据库，用个性化服务强化灰色文献利用力度

对于现在的图书馆来说，特色库建设是图书馆彰显自己特色、提供个性化服务的一个重要的手段。将灰色文献资源开发利用与特色库建设结合起来，一方面可以有效地突出图书馆的资源特色，另一方面可以使灰色文献资源开发利用的针对性更加具体和明确。例如重庆大学对本校的灰色文献资源进行数字化开发后，建设的灰色文献特色数据库得到了较高的利用率，充分开发和利用了灰色文献的信息价值。

4．加强图书馆灰色文献控制管理，保证灰色文献的时效性

灰色文献的发布不受其发布媒介等因素的限制，使它具有常规文献难以比拟的时效性。所以及时对灰色文献数据库进行维护是十分必要的，不断跟进文献信息动态，即时更新文献信息内容，以保证用户能方便、快捷地从网上查阅下载所需的灰色文献信息。

5. 开展图书馆灰色文献嵌入式服务

所谓嵌入式服务，就是主动融入用户和读者的学习、研究过程之中，在互动中提供及时有效的服务。灰色文献资源开发利用过程中的嵌入式服务，主要包括两种方式：一是主动了解用户和读者需求，为用户和读者提供有针对性的服务：二是通过技术手段将自己开发的灰色文献资源嵌入到用户的学习和工作中。利用html(超文本标记语言)可以把某个学科、某个栏目、某个地区、某个单位和某个人物的灰色文献动态集成到用户的主页上，被集成的内容可以随着灰色文献平台的更新而更新，从而使用户及时分享到相关的最新发展动态。

四、图书馆古籍的开发与利用

我国的古籍文献一般是指1912年前以中国古典装帧形式书写或印刷的、反映我国古代文化的各类书籍。目前，我国有很多图书馆都收藏有一定数量的古籍文献。图书馆在古籍收藏、保护、研究、利用等领域起到了不可或缺的关键作用。

（一）古籍的重要价值

古籍是一个民族文化的体现，是中华民族在漫长的历史发展过程中积累的宝贵的文化资源财富。明代著名学者邱溶认为："藏书是万年百世之事．今世赖之以知言。后世赖之以知今"。国务院办公厅关于进一步加强古籍保护工作的意见中指出，我国古代文献典籍是中华民族在数千年历史发展过程中创造的重要文明成果，蕴含着中华民族特有的精神价值、思维方式和想象力、创造力，是中华文明绵延数千年，一脉相承的历史见证，也是人类文明的瑰宝。

1. 古籍具有文献价值

古籍所描述记载的史料非常丰富，是研究古代社会不可缺少的第一手材料，因此古籍的价值首先体现于它的文献价值。中华民族的历史传承．靠的就是绵延不绝的历史记载，浩瀚的文献典籍，为我们了解先人的政治文化、制度风俗提供了重要的资料。另外，从资料性人手，古籍有着丰厚的可资利用的文献价值。至今许多文献资料还发挥着令人惊异的作用。

2．版本价值

古籍的版本种类很多，一般来说，稿本(作者的原稿)、旧抄本、原刻本、精刻本、初印本以及各类活字印刷本等版本的价值更高。

3．艺术价值

并不一定所有的古籍都具有艺术价值。但绝大多数珍贵古籍通常具有令人赏心悦目的观赏价值，同时它在加工制作过程中使用的材料以及制版、印刷过程所体现出来的技艺都有着珍贵的艺术价值。

4．学术价值

古籍具有很高的学术价值。如名家稿本、精校本以及在某一学术领域有独到见解或较为少见的稿本、写本、批校本、过录本等。

5．文物价值

《中华人民共和国文物保护法》规定：“历史上各时代重要的文献资料以及具有历史、艺术、科学价值的手稿和图书资料等”作为文物受到国家保护。有些古书．抄写或刻印本年代久远，流传又稀少，如宋版书存世不多，无论从纸质、墨迹、印刷技能、装帧水平等方面都具有很高的文物考古价值。

(二) 古籍的保护工作

古籍是中华文明的重要载体，也是中华民族宝贵的物质精神财富．为了很好地保存他们，开发和利用他们所蕴含的丰富信息，并为子孙后代所利用．首先必须保存好作为物质形态存在的古籍载体材料，使其能长久地为人类文明的发展服务。

1．古籍保护的成果

2007 年，国务院办公厅发布《关于进一步加强古籍保护工作的意见》，提出在“十一五”期间大力实施“中华古籍保护计划”。十年来取得了显著成果。目前全国性的古籍保护工作机制已经建立并日趋完善．中央和地方古籍保护工作经费保障能力不断增强，中华古籍得到系统性保护，在普查、修复整理、出版、人才培养等方面取得显著成果。据了解，全国古籍普查也取得重要进展，完成总量已达 200 余万条，1218 家古籍收藏单位完成古籍普查登记工作。

2．古籍保护的基本方针

古籍的保护工作应该坚持“以防为主，防治结合”的原则。所谓“防”有两层含义：一是最大限度地防止或减少各种外部条件对古籍纸张材料的破坏作用：二是采取有效措施提高古籍纸张材料自身防护外界因素影响的能力。“治”则是对已经损坏的古籍进行抢救性修复处理，以使古籍载体材料重新变得稳定。“防”是主动的，“治”是被动的，“治”只能对已经损坏的古籍采取补救性措施。而且古籍的损坏，是一种不可逆的变化。因此“以防为主，防治结合”，是做好古籍保护工作的基本方针，也是发展古籍保护科学的基本指导思想。对古籍保护工作有着深远的意义。

3．古籍保护的主要方法

科学地保护古籍的方法大体有以下四个方面：

(1) 控制环境，改善保护条件。

古籍保护与古籍书库的环境有很大关系，古籍需要适宜的温度、湿度等条件。温度作为一个单一因素对古籍的载体材料影响不太明显。但是由于环境条件中存在着光、氧等因素，当古籍纸张受它们联合作用而发生一定的化学反应时，温度在其中具有加速化学反应的作用。库房潮湿会加快古籍纸张材料中纤维素的水解，有利于图书有害生物的生长繁殖，还会加剧空气中有害气体等对纸张的毁坏作用。国家图书馆制定的文化行业标准《图书馆纸质文献储藏环境温湿度要求》和《图书馆古籍特藏书库基本要求》，在综合考虑上述各因素的情况下古籍书库温湿度标准为：温度 16～22 摄氏度；湿度 45～60 百分比。除此之外，空气质量、光、有害生物等对古籍危害也很大。

(2) 采取人为措施去除古籍纸张材料中不利于长期保存的因素。

如通过去酸、去污技术，降低古籍纸张材料的老化变质速率，使纸张尽可能保持稳定，防止进一步变质，从而延长古籍纸张的保存寿命。

(3) 对已经破坏的古籍进行修复。

采取现代修复方法和传统裱技法，使其达到相对稳定的状态，防止古籍纸张发生进一步损坏。

(4) 古籍的复制。

通过古籍的复制，如仿真复制、缩微复制、电子扫描复制等，使文献内容得以充分利用．使珍贵的原件得到更好的保护。

(三) 图书馆古籍的开发与利用

1．图书馆古籍开发利用的重要意义

首先，充分开发图书馆的古籍资源不仅对专业教学起到很大的扶持和推动作用，也能够使对古典文化感兴趣的读者，能够有足够充分的阅读材料提升自己的思想境界和水平，特别在思想道德教育方面，古籍文献中就有我国伟大圣人孔子的诸多名篇词句对当代人起到积极的引领作用，让现代人靠近和弘扬传统文化、振奋民族精神，从古籍智慧中受到熏陶。其次，图书馆从重视古籍收藏转向重视古籍的开发利用，充分揭示古籍文献的内涵，有利于提高图书馆的核心竞争力。有利于促进图书馆特色资源的建设，这是图书馆发展的新的增长点。

2．提高图书馆古籍开发与利用的策略

(1) 加大图书馆古籍从业人员的培养。

针对图书馆古籍从业人员数量不多的问题，图书馆应该增加古籍工作人员数量，并加强古籍工作人员的素质培养。从事古籍文献的工作人员，除必须具有较高文化程度外，还要具有与古籍相关的文学、历史、哲学、版本学、文献学和现代化技术等知识。只有熟练地掌握了这些能力，才能应对读者提出的各种咨询，提高古籍文献的利用率。自 2007 年“中华古籍保护计划”实施以来，国家古籍保护中心受文化部委托开展了全国性的古籍普查整理和保护工作。至 2014 年上半年，国家古籍保护中心已经举办古籍普查、编目、鉴定、修复等各类培训班 110 余期，培训古籍在职人员 6 000 余人次。

(2) 图书馆深层次开发古籍文献，发挥古籍文献的学术价值。

所谓深层次的文献开发．即对文献进行二次或三次开发。二次文献的开发，是根据科研、教学读者的需求对馆藏的原始文献即一次文献进行加工和整理，编

制度专题、索引、文摘等。三次文献开发是在二次文献开发的基础上，对一次文献进行研究、分析、浓缩、综合、加工，编制成各种综述、评述、图书评介、数据库等。古籍的开发与利用的关键是对馆藏的古籍文献进行专题研究等高层次的服务内容. 丰富的古籍文献资源只有通过高层次的开发与利用，才能实现其价值。

(3) 图书馆编制本馆古籍目录，开发有特色的古籍相关数据库。

图书馆应编制本馆古籍目录，并提供可检索的古籍相关数据库，有条件的图书馆可以开发具有本馆特色的古籍数据库。北京大学图书馆在 CALLS 技术支持下建设的“秘籍琳琅——北京大学数字图书馆古文献资源库”，是完整展示北京大学图书馆馆藏古籍的网络平台，读者可以在其上检索北大图书馆馆藏全部各种类型古文献元数据。查看和浏览古籍书影、电子图书，以及拓片、舆图图像。沈阳农业大学图书馆正在完成 2017 年辽宁省教育厅下达的建设特色数据库——《沈阳农业大学古农书资源库》。

(4) 确立高效便捷的古籍阅览制度。

现在有很多古籍收藏机构仍旧是“重藏轻用”的思想，造成古籍文献不能发挥它的优势。图书馆应该充分考虑到读者的特点与需求，制定高效便捷的阅读服务制度，比如在开放时间、身份认证、业务咨询等方面做好保障。在身份认证上，可以实行普通古籍原本凭阅览证的方式，善本原本提供介绍信的方式来认证，要体现严谨与开放并存的管理。在阅读制度方面，一定要在保护古籍文献原貌的基础上，做好适当的开放阅读服务。

(5) 加大图书馆古籍重要性的宣传力度。

图书馆可以定期开展古籍保护和开发利用的讲座，进行本校珍贵古籍善本的展览，通过活动让更多的读者认识古籍、了解古籍和利用古籍。

(6) 古籍文献的数字化。

古籍的数字化是指通过现代技术、数字化手段将古籍内容复制或转移到其他载体上，以达到对古籍长期保护与有效利用之目的。古籍数字化的从业人员需要接受古文献整理与保护技能的培训。古籍具有其特殊性，数字化的过程对古籍而言可以说是一个很危险的过程，如果工作人员专业知识不足、操作不当，就可能造成无法挽回的后果。因此，绝不能因为数字化的工作人员不参与古籍的整理环节而忽视他们这方面技能与古籍保护意识的培养。

在古籍的开发利用方面，可以利用数字化实现产业增值，出售古籍数字化增值产品，将古籍的开发利用多元化，例如，可将古籍缩印在工艺品上等等。

第二节 图书馆数字信息资源的开发与利用

我国数字图书馆研究在不断深入，在数字图书馆建设理论与实践方面都取得了良好的成效，各省市也相继开始数字图书馆建设。随着计算机与互联网技术的进步，数字图书馆也获得了新的发展契机。虽然数字图书馆的内容主要是以数字信息为主，但知识传递所使用的方式、数字资源共享及资料的查询和编目、文献的分类等仍然是数字图馆发展的基础。这个环节如果出现问题，整个数字图书馆将无法正常运转，因此，图书馆工作人员必须意识到图书馆数字资源的重要性。虽然当前我国各级各类图书馆都引入了大量的数字资源，但因数字资源自身的性质及对使用环境的要求较为严格，而且缺少专业人员对其进行科学、有序的管理，致使大量的数字资源被闲置或浪费。

一、利用数字资源过程中存在的问题

伴随着数字资源数量的不断增多，数字资源在世界各国图书馆馆藏中所占的比重越来越大，并呈现出逐年上升的趋势。但是，我国针对数字资源的评估机制并不健全，导致当前许多地区的图书馆所收藏的数字资源质量参差不齐，不仅造成大量的资金浪费，而且还造成资源闲置。因此，我国必须制定完善的图书馆数字资源利用评估机制，这对于提高数字资源质量、优化馆藏结构及提高数字资源利用率都具有极为重要的意义。目前，我国图书馆数字资源利用过程中主要存在以下两个方面的问题。

（一）缺乏对数字资源的正确认识

数字资源就是以先进的电子数据技术为基础，将各种文字、声音、视频及图

片等不同形式的媒体信息保存在磁盘、光盘或一些非纸介质的载体中，再通过互联网技术、电子计算机或移动智能终端等设备把这些信息还原。常见的数字资源有电子图书、各种多媒体期刊和大量的互联网资源。相较于传统的信息资源，数字资源无论是在内容的共享及信息量方面都比传统媒介信息资源更具优势，而且数字资源还具有信息量庞大、不会受到空间与时间的限制、出版的方式与内容更加丰富、多元化等特点，同时还具有良好的互动性与关键字检索功能。此外，数字资源还具有资源整合的功能，可以为广大读者提供相关资源链接，帮助读者从文摘、书目等二次文献中轻松找到一次文献。但是，数字资源也存在一些不足：①数字资源在内容的覆盖方面仍然有限，许多重要的资料与文献没有电子版，我国也没有构建一个规范、标准的数字资源市场。②数字化资源的稳定性及长期使用问题。我国图书馆主要通过租赁或者购买版权的方式将馆藏资源存储在数据库中，而且有些数据库也是向第三方租赁的，如果一旦与数据库的提供方停止合作，图书馆将无法继续利用，同时还会失去所有的馆藏数字资源。③数字资源对所需的软件和硬件有严格的要求，这是确保数字资源能够被有效利用的重要前提。伴随着科学技术的进步，数字信息的存储设备与介质虽然在不断更新，但当前主流的存储介质在将来还能不能被正常读取，设备的兼容性如何，这是图书馆迫切需要思考的问题。④数字资源与纸质资源的问题。如果我国图书馆都将发展重心转移到数字资源，而忽略了物理馆藏的重要性，这是相当不明智的行为，但片面强调纸质资源的优点也是不可取的。图书馆必须理性对待这一问题，只有将纸质资源与数字资源的优点与缺点进行整合和补充，才能为广大读者提供更好的服务。

（二）管理与知识产权的问题

我国图书馆数字资源管理与知识产权各方面存在一定的缺陷，下面我们分别进行说明。

1. 管理方面的问题

为了满足不同层次、不同需求用户对数字资源的利用，我国公共图书馆引入了多种类型的数据库。虽然这些数据库的功能非常全面，但图书馆在进行网络管理时，只是将数据库的链接置于网站主页，却没有对数据库内容进行整合，导致用户使用体验效果不佳。出现这种问题的主要原因在于数字资源过于碎片化，不同数据库都涵盖不同的学科范畴，而且不同的数据库之间都会出现数据内容上的交叉或重复问题。正是由于这些原因，用户在使用数据库之前必须对数据库的学科范畴有所了解，当用户完成检索之后还要对不同数据库的检索结果进行比对、去重。此外，不同数据库使用的内部编码以及表达格式都不同，缺少规范化、标准化的分类机制，不利于用户便捷使用数据库数字资源。目前，有相当一部分图书馆并未在公共查询系统中构建完整的数据检索平台和导航机制，在 OPAC 系统内只能查到有限的题录，若该图书馆没有收藏相关资源就必须去其他的图书馆或资料室查询，而且还不能直接使用原文及相关资源，致使用户只能花费大量的时间与精力学习并掌握系统使用方法，给用户带来不愉快的数字资源利用体验，影响数字资源的利用率。

2. 知识产权的问题

由于数字资源具有下载方便、容易复制、传输简单等特点，数字资源易于共享与传播，但在共享与传播的过程中经常会出现一些问题，如：个别用户恶意下载数字资源、滥用代理服务器等行为严重地侵犯了数据库商及作者的版权，出现版权纠纷，导致数据库商停用代理服务器且限制用户对数据库的访问权限，极大地影响了其他读者对数字资源的正常使用。因此，图书馆在利用数字资源时必须做好知识产权的保护。

二、图书馆数字资源利用优化管理对策

（一）加快数字资源与纸质资源的协调发展

由于两种资源的载体不同，且在通常情况下数字资源都会有与之相对应的纸质文献，为了能够给广大读者提供更好的使用体验，图书馆必须按照数字资源的类型和纸质资源的类型进行分类，并且按照不同的价格区间、共享范围等进行成本核算。在这一过程中，图书馆要严格按照操作流程做好重点学科的保护工作，通过科学、合理的分布原则对数字资源与纸质文献进行保护、管理与利用。各地

区图书馆可以按照文献利用率的不同对数字资源与纸质资源的经费投入比例进行调整和优化，如：对某些利用率较高的核心文献及基本文献，应当做好纸质资源的保存工作；对部分利用率不高但却具有较高价值的文献，可以通过电子文献或购买联机检索服务的方式进行保存；对只需要支付较少费用就可以获得电子版的文献可以大量引进。总之，要想有效地提高数字资源利用率，图书馆就必须兼顾数字资源与纸质资源，并促进二者的协调发展，满足用户的多元化需求。

（二）构建完善的数字资源评估机制

在大数据时代背景下，许多公共图书馆都引进了大量的数字资源并开始尝试代替印刷型出版物，因此，构建一个庞大、健全的数字资源评估机制是很有必要的。由于我国在引进数字资源方面起步较晚，对数字资源的评估机制没有进行系统、全面的研究与探索。因此，笔者认为，图书馆在构建一套科学、完善的评估机制时必须做好以下几个方面的工作：

(1) 数字资源内容。图书馆对收集到的数据库资源进行整理和分类，明确这些资源是否全面和准确，是否具有时效性，是否能满足本馆的需求。

(2) 检索系统功能。图书馆要明确数字资源的组织及设计是否具有科学性；人机交互界面是否合理且使用方便；关键字检索功能是否存在漏洞，检索结果能不能支持拷贝、移动和存储，是否能通过邮箱收发。

(3) 使用情况。出版商是否需要对数字资源的更新或续订情况提供相关报告，并以这些报告为依据进行研究。

(4) 价值和成本核算。在价值与成本核算方面，图书馆必须依据经费情况进行决策，涉及的项目有数据库价格与上涨区间、检索数据所需要的成本、文本文件下载的成本、印刷型出版物的成本投入等。这些内容需要结合使用情况进行再分析。

(5) 服务内容。图书馆要明确出版商或数据库商是否具有与之相对应的实力，有没有进行商业化的运作，试用时间的长短，支持使用哪一些数据传输方式或数据库访问方式，是否能提供与数据相关的信息与资讯，是否能够为图书馆管理员开放访问权限，售后服务的款项与内容是否合理等。

参 考 文 献

[1]曹廷华．高校图书馆与校园文化[M]．北京：人民教育出版社，2002．

[2]陈传夫．图书馆学研究进[M]．武汉：武汉大学出版社，2010．

[3]陈澄阳．论新技术对图书馆环境功能规划的重要性[D]．西北大学，2015．

[4]陈冬．公共图书馆数字时代社会职能的演变[J]．兰台世界，2011，12：75．

[5]陈华，王靖．高校发展与图书馆服务创新[M]．武汉：武汉出版社，2007．

[6]陈进．大学图书馆服务体系建设[M]．上海：上海交通大学出版社，2012．

[7]程焕文．图书馆的价值与使命[M]．上海：上海科学技术文献出版社，2014．

[8]单行．高校图书馆管理[M]．开封：河南大学出版社，1991．

[9]方家忠：图书馆发展规划的效用问题[J]．国家图书馆学刊，2016(1)：3-5

[10]付立宏，袁琳主编．图书馆管理学[M]．武汉：武汉大学出版社袁 2010．

[11]靳爱红．图书馆微博营销探究图书馆建设[J]．图书馆杂志，2016(3)：55-59．

[12]柯平．图书馆战略管理[M]．北京：海洋出版社，2015．

[13]李燕等．学部制下学科服务创新模式探索与思考[J]．图书情报工作，2016(1)：21-28．

[14]刘桂琴．数字参考咨询服务质量评价初探[J]．湖北师范学院学报，2013(2)：138-141．

[15]刘金玲．大数据时代图书馆信息服务的研究[D]．西南科技大学，2015．

[16]刘琳琳等．“互联网+”时代图书馆馆员培训与发展方略[J]．图书馆学研究，2015(13)：20-23．

[14]刘兹恒等．现代图书馆管理[M]．北京：电子工业出版社，2010．

[18]鲁思爱．信息时代高校图书馆教育职能新论[J]．兰台世界，2006(1)：58-59．

[19]倪德蓉．论图书馆工作的读者研究[J]．四川教育学院学报，2001．

[20]全国冶金院校图书馆研究会主编．高校图书馆建设与知识管理[M]．上海：

华东理工大学出版社，2012.

[21]王惠君，荀昌荣．图书馆文化论[M]．长沙：湖南大学出版社，2004.

[22]王路．大数据背景下的图书馆数据服务研究[D]．云南大学，2016.

[23]王世伟．图书馆管理与服务论丛[M]．上海：上海社会科学院出版社，2003.

[24]王真．图书馆联盟建设研究[M]．天津：天津大学出版社，2011.

[25]吴建中．2l 世纪图书馆新论(第 3 版)[M]．上海：上海科学技术文献出版社，2016.

[26]吴克梅．试论高校图书馆的德育职能[J]．管理观察，2011(9)：106．107.

[27]吴慰慈．图书馆学基础[M]．北京：高等教育出版社，2004.

[28]于良芝．图书馆学学论[M]．北京：科学出版社，2003.

[29]杨勇．图书馆管理与服务[M]．北京：北京图书馆出版社，2015.

[30]姚新茹，刘迅芳．现代图书馆读者服务[M]．北京：海洋出版社，2009.

[31]袁明伦．现代图书馆服务[M]．成都：四川大学出版社，2013.

[32]张秋等．高校图书馆微信公众平台服务发展现[J]．图书馆建设，2014(2)：61-65，69.

[33]张欣．“211 工程”高校图书馆人本管理研究[D]．安徽大学，2016.

[34]周德明等．图书馆服务：新载体新平台[J]．图书馆杂志，2016(8)：4-9，14.